读客®文化

极简
日本武士史

[美] 迈克尔·维尔特 著

贺平 魏灵学 译

SAMURAI
A CONCISE HISTORY

北京日报出版社

图书在版编目（CIP）数据

极简日本武士史 /（美）迈克尔·维尔特著 ; 贺平，
魏灵学译 . -- 北京 : 北京日报出版社，2021.9
ISBN 978-7-5477-3409-4

Ⅰ . ①极… Ⅱ . ①迈… ②贺… ③魏… Ⅲ . ①武士 -
日本 - 通俗读物 Ⅳ . ① K313.03-49

中国版本图书馆 CIP 数据核字 (2021) 第 051663 号

极简日本武士史

作　　者：［美］迈克尔·维尔特
译　　者：贺　平　　魏灵学
责任编辑：王　莹
特邀编辑：王　珺　　乔佳晨
封面设计：陈　晨
出版发行：北京日报出版社
地　　址：北京市东城区东单三条8-16号东方广场东配楼四层
邮　　编：100005
电　　话：发行部：（010）65255876
　　　　　总编室：（010）65252135
印　　刷：天津联城印刷有限公司
经　　销：各地新华书店
版　　次：2021年9月第1版
　　　　　2021年9月第1次印刷
开　　本：880毫米×1230毫米　1/32
印　　张：6
字　　数：108千字
定　　价：59.90元

《平治物语绘卷》：描绘的是平治之乱，源氏和平氏两大武士家族的夺权之战。

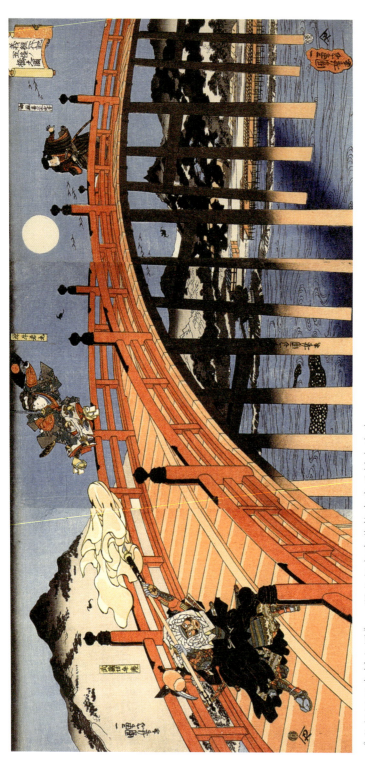

《义经记五条桥之图》：源义经与武藏坊弁庆于桥上决斗。

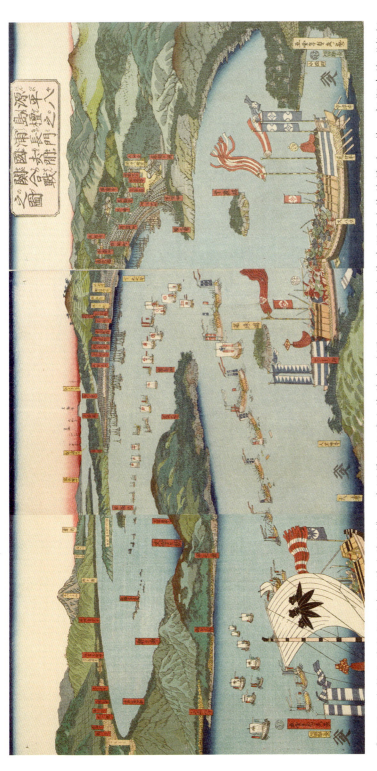

《源平八岛赤间关之图》：本图是坛之浦之战的鸟瞰图，坛之浦之战为源平合战的最后一战。标题中的"长门国赤间关"是现在日本山口县下关市关下市的旧称。

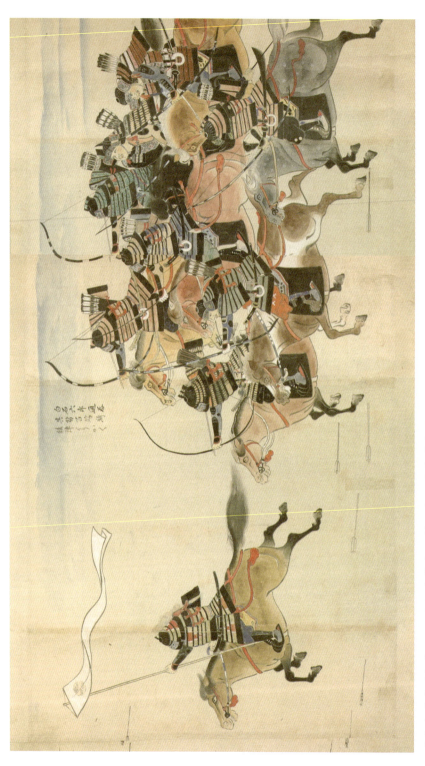

《蒙古袭来绘词》：13世纪末蒙古入侵日本，最终被击退。

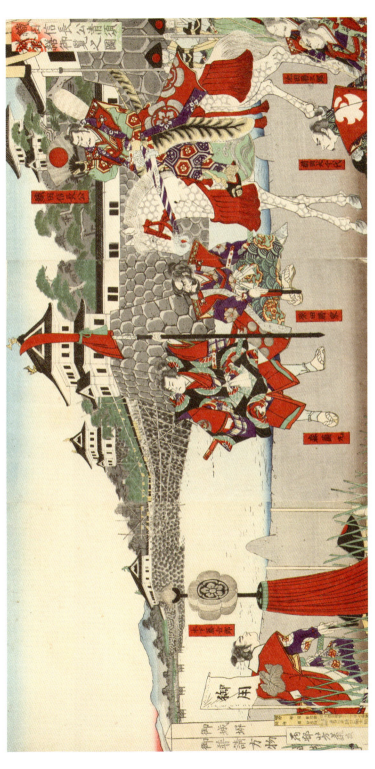

《织田信长清洲城修缮御览之图》：织田信长因清洲城修缮工程停滞了20天以上而大发脾气，丰臣秀吉接任后仅三天就完成了围墙的修复。本图描绘的是织田信长（图片右侧）称颂修缮有功的丰臣秀吉（图片左侧）的画面。

《尾川桶狭间合战》：永禄三年（1560），桶狭间之战爆发，织田信长讨伐今川义元，今川败亡。（图中倒地者为今川义元）

《大树寺御难战之图·三河后风土记之内》：今川义元战死后，在"大树寺"避难的德川家康对包围寺庙的织田军发起反击。（右侧骑白马者是德川家康）

《本能寺烧讨之图》：天正十年（1582），织田信长的家臣明智光秀发兵变，史称"本能寺之变"，本图描绘的是身穿盔甲的安田国继袭击织田信长。

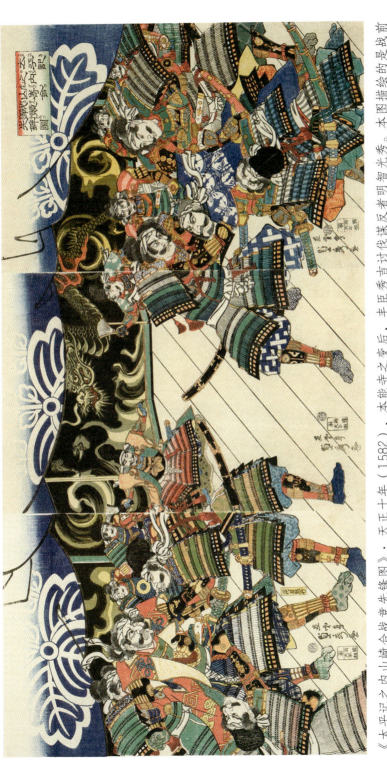

《太平记之内山崎合战竞先锋图》：天正十年（1582），本能寺之变后，丰臣秀吉讨伐谋反者明智光秀。本图描绘的是战前的军事会议上武将内部争吵的样子。（图中中部后方张开双臂斡旋的是丰臣秀吉）

《小牧山战争之图》：天正十二年（1584），小牧·长久手之战之爆发，本图描绘的是秀吉阵营的加藤清正与家康阵营的本多忠胜直接对峙的场面。

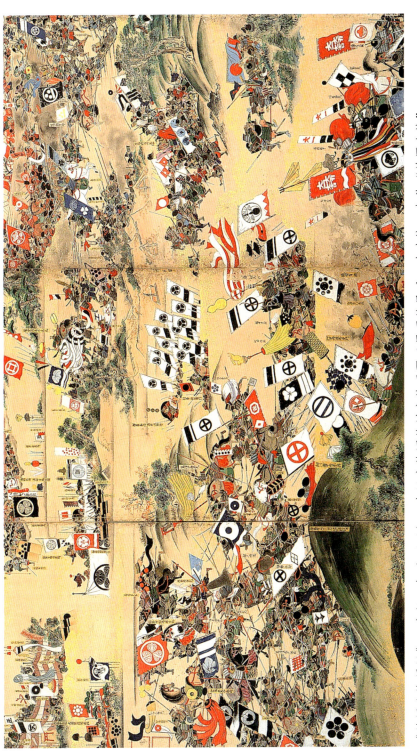

《关原合战屏风》：庆长五年（1600），丰臣家族同德川家族于夏天展开的最后一次决战，史称"关原合战"。

《新撰太阁记·秀吉》：天正十年（1582），丰臣秀吉在得知织田信长死于非命后，为给主公报仇，立刻返回京都讨伐明智光秀。本图描绘的是秀吉策马疾驰的画面。

目　录

\

导论

在电影《最后的武士》（2003）结尾的激战高潮一幕中，身为主人公的叛乱武士首领率领一众武士冲锋陷阵、视死如归，反抗新成立的政府军。他们身着传统服装，仅以弓箭、刀和长枪为武器，被加特林机枪和榴弹炮扫倒一大片，政府军的将军本人此前也是武士，他焦急地看着这一幕。这一幕囊括了全世界对武士的幻想中所有耳熟能详的喻想：传统对抗现代、肉搏对抗枪战，以及舍生取义的精神。片中描述的事件在历史上确有其事，西南战争（1877）时，一部分曾经的武士拒绝遵守剥夺其特权地位和象征的法令：不再允许武士在公共场合佩刀或保持顶髻式发型。但更加真实的战斗场景与电影中的场景恰恰相反：现代化的政府军使用的是最传统的防御方式——龟缩在城堡之中，而精武叛军则从外面用加农炮轰击。历史场景往往比通俗演绎更为有趣，此事也不例外。

在流行文化中，武士似乎无处不在，从小说和电视剧《幕府将军》（1980），到电影《最后的武士》和动画《混沌武士》（2004—2005），观众似乎乐此不疲。武士甚至出现在了最不可能出现的地方：威斯康星州密尔沃基市的一家当地咖啡连锁店将公司命名为"义理"，创始人声称这一名称"来自武士的荣誉法则，即武士道，也可以翻译成'社会义务'"。这听起来不错，但所谓的"义理"，只不过是为了说服武士服从其藩主，无论其差事多么危险、多么乏味。

网络上关于武士的网站比比皆是，每个武术教练也十有八九有着自己对武士的独特认识。坊间也不乏关于武士的精品佳作，概述搏斗、战争、城堡等武士世界的各个方面，但要想从中筛选哪些内容是可靠的，哪些内容不过是以讹传讹，则并非易事。另一方面，阅读学术书籍往往要求太多的背景知识，不仅需要熟悉日本，还需要熟悉中国的历史、宗教、艺术和学科术语，一些早期的历史书甚至需要相当深厚的语言功底。

本书将大致描述武士从8世纪至19世纪中期如何改变，顾及武士的多样性，打破若干关于武士的常见神话，如所谓武士道的"武士法则"、刀是"武士之魂"，以及武士的高超武艺等。本书无意对武士的各个历史时期都面面俱到，而会对近世——即17世纪至19世纪武士生活的细节描述得更多一些。为何如此？首先，西方对武士的大多数描述与这个时期武士的真实情况相吻合。再者，相比中世（公元9—15世纪），学者对近世的日本更为了解。在拍卖网站上，人们可以轻而易举地以几十美元的单价购得大量18—19世纪的文献。最近一次拍卖涉及数百件18—19世纪的文献，均属于同一个家庭，在"雅虎拍卖"上以73 000日元成交，约合660美元。[1]一些近世的日本文献甚至沦为垃圾。在"3·11"地震、海啸和福岛核灾难之后，当地的历史学家在那些将被拆除重建的破旧房屋中，争先恐后地拍摄所发现的历史文献。对于那些被认为不甚重要的文献，当地的博物馆和大学实在没有足够的储藏空间，只好弃之如敝屣。偶尔也能发现17世纪之前的文献，但数量越来越少，相对更受到学者的重视。

关于体例，最后再补充一句。日语中姓在前、名在后。对公元9—16世纪的武士，我使用"warrior"（武士）一词，但对17—19世纪的武士，则用"samurai"（侍）一词，此时的他们

---

1 2019年度平均汇率：1美元=6.8985元人民币。——编者注

已作为一个界定严格的社会群体而存在。[1]"战国大名"和"藩主"都指大名，这些军事统领享有各自的领地，在15—16世纪浴血沙场，但到17世纪初，已变身为地方上的统治者，不再穷兵黩武。换言之，我把武士的历史分成并不对称的两半，以17世纪初为分界线，前一半是中世，后一半是近世。17世纪初期，武士的分类更为严格，从根本上改变了他们的文化及与其他日本人的关系。

1 鉴于在"日本武士"的语境中，中文对于"warrior"和"samurai"难以区分，后文除少量特殊情况标注原文之外，将两者均译为"武士"。——译者注（后文如无特别说明，脚注皆为译者注。）

何为武士？

即便在日本，"侍"（samurai）在口语中也被用作"武士"（warrior）的同义词，但这并不正确。"侍"最初的含义很狭窄，仅指负责保护、侍奉贵族的人，即使其职位与军事无关。后来，它逐渐成为武士家族中那些军事臣仆的头衔。事实上，17世纪之前，地位高贵的武士如被称为"侍"则无异于受辱。[1]在古代和中世的日本，有其他更为常见的称号指称武士，这些称号反映了他们对国家、贵族和其他上级的不同职责。在日本和西方，大多数专家使用"武士"（bushi）这一概称，这事实上是指"武士"（warrior）。

"武士"（warrior）是一个模棱两可的有用术语，指的是17世纪之前具有一定军事职能的一大批人。这批人既包括在国家

---

1 平安时代，迎来了贵族文化的最高潮，当时为贵族服务的"侍"（samurai）身份极其低微，类似于某种奴隶的存在。——编者注

有求之时能够服兵役的人，也包括得到京都贵族、朝廷或宗教机构等统治当局的官方认可，从而有资格服兵役的那些人。但"武士"一词也不够精确，它容易让人误以为打仗是他们唯一的职业。事实上，在不同的时期，根据不同的社会地位，武士或把持朝政，或货殖从商，或田间务农，或泼墨丹青，或著书立说，或为人师表，或阴谋行事，不一而足。

在使用"武士"一词时需要注意的另一点是，现代人对这个概念所赋予的道德价值观。美军在其各种训练项目中也使用"武士"（warrior）一词，例如"武士心灵训练"，这是一个冥想项目，旨在使士兵应对"创伤后应激障碍"（PTSD），并为严酷的战斗做好准备。开发者使用武士的形象来推介该项目，将其"根植于古代武士的自律之道"。[1]这种自律之道实则是无稽之谈。颇具讽刺意味的是，甚至在日常表述中，也存在着对武士可敬的遐想。例如，"周末武士"就指那些平日无聊乏味，到了周末却变得生龙活虎的普通人。在这种用法中，所谓的"武士"不再表示你从事何种职业，而仅仅意味着你是怎样的一种人。

但纵观整个日本历史，武士其实常常受到鄙视。艺术家和作家常将武士描绘成猪狗不如的野兽：粗鲁无礼、嗜血成性。他们在各地村庄抢劫掠夺，有时甚至谋财害命，因此，农民对其深恶痛绝。

农民是武士抢劫掠夺和间接伤害中的最大受害者，所以他们对武士心存恐惧。颇具讽刺意味的是，只有在近世（1600—1868）这样相对和平的年代，日本的平民才开始慢慢欣赏和模仿武士。

武士虽然的确必须在战场拼杀，但实际上，他们把大部分时间都花在了别的事情上。他们既可以在贵族统治的精英社会中努力改善家族的地位，也可以在其领地上管理农民，最底层的武士甚至偶尔行坑蒙拐骗之事。随着"武士"的定义在不同时间段的转变，其活动范围也在发生变化。一个武士若从19世纪穿越回9世纪，便会发现自己完全格格不入、无所适从。

时隔久远的古代武士既是后代武士戏谑娱乐的对象，也是其渴望崇拜的目标。在18世纪初这一和平年代，有武士曾抱怨其同代人与前一个世纪战争年代的真正武士大相径庭，"如今有太多人俨然如女流之辈"。[2]13世纪，身为比丘尼（俗称尼姑）的北条政子将其已故丈夫源赖朝引为武士身份的奠基者，鼓动当时的武士奋起反抗来自京都天皇的威胁。但也不要忘了，历史也不乏其经济上的魅力：对那些地位较高的武士而言，若能买到过去知名武士所拥有的一把剑或一个茶碗，便是颇为令人欣喜之事。

武士凭借其武艺在事业上步步晋升。在政治上，他们则是局外人，被有权有势的贵族当作工具，贵族将其作为维持领内治安的力量，或用于打消其他贵族家族以武力抢夺土地的企图。理论上，日本大部分地区都属于天皇（字面意思为"天之皇"），根据古代神话，天皇是神的后代。武士保护着天皇政权的利益，历代政权位于不同地区，如奈良、长冈，以及794年之后的京都。他们防范首都周边爆发的各种暴力事件，攻击虽位于远离京都的国郡但仍有可能威胁政权的人，并与位于日本东北或西南边陲的各种"野蛮"部落作战。

"武士"一词通常不包括那些依靠武力谋生的人，即雇佣兵、土匪和海盗。但在17世纪之前，对个人地位的定义并不如此严格。一个人只要能与统治机构建立联系，就可以合法地参战、治国理政和经商。例如，尽管大多数武士和皇室将海盗描述为在海上活动的暴徒，但海盗有时也代表他人参战，他们代表的可能是幕府这一武家政权，也有可能是佛教寺庙等宗教组织，又或是位于首都京都的某个贵族。他们拥有像战国大名或藩主大名一样的权威，垄断了海上贸易，既有自己的行为准则，也让沿岸居民领教了其行事风格。

日语和英语的学术文献中，关于武士是否起源于前近代颇具争论，一部分原因在于对武士的定义众说纷纭。武士是否传承自古代的士兵？最早的关于武士和士兵的证据甚至要早于成文的历史记载和日本这个国家本身。象征士兵、仆人和动物的陶俑（埴轮）被置于坟墓外围，这在3世纪到6世纪的古代墓葬景观中颇为常见。陶俑的武器和盔甲都反映出其受当时中国和朝鲜王国武士的影响，并具有共同的风格，这表明这一时期可能存在某些原始政权，且势力范围主要在日本中部和西南部。或者，武士是否源自东部各地的猎人和地主？抑或是京都朝廷聘请的职业武士？可以肯定的是，9世纪前后，私人武装开始崛起并成为日本历史的一个长期特征，此时，他们中的某些人开始凌驾于其他人之上，而不再仅仅是充当士兵。

关于武士历史的书面证据可以追溯到8世纪末和9世纪初，当时，新生的日本国借用了中国唐朝（618—907）的律令制。在东亚，中国无论在文化上还是在政治上都是主导性的大国。除了借用各种宫廷头衔、贵族冠位、官僚机构、文化典章，早期日本的君主还模仿了唐朝的军事组织。朝廷要求男子在必要之时在各国郡服役。尽管理论上确实存在一支应征入伍的军队，但大多数人只是临时露面完成短期任务，例如参与至多30天的边防。一年中大部分时间，他们都各自谋生。应征者需要自带武器设备，也疏于训练。只有一些军官服役时间较长，但一些历史学家认为，即便是这些军官，也主要从事管理工作，而非高强度的军事训练或作战。8世纪末期，唐朝的行政模式在日本被弃用，并在之后的一个半世纪中逐渐被专业的武士所取代。

从广义上讲，8世纪初期同时存在着几种不同类型的武士。大多数武士自身并不"拥有"土地，而是获得庄园的部分收成，以及有权从住在京都的不在地所有人那里得到或揩油一部分税收。一些人享有较大的自由，可以不受京都朝廷或其国郡官员的干扰。一些人自己就拥有土地，并将部分土地委托给京都那些非武士的贵族世家，以换取其庇护，保证他人不会染指其土地。还有一些武士本就是贵族世家的成员，尽管其地位要低于大多数在京都掌握官僚职位的贵族。他们中的一些人在担任地方官员期间，建立起若干与本地的联系和联盟，并长期留在当地。这些人变成依靠次级武士家庭的藩主，同时又与京都的盟友和人脉维持着联系。作为当时的统治中心和最大的城市，京都对于整个日本的精英氏族都拥有某种向心力。那些拥有京都贵族血统的人，在地方上往往占据了最高的社会地位。地方豪族则反过来担心京都任命藩主去监视他们，而且京城的政治确实也可能威胁他们在地方上获取财富。

武士的组织方式各异，并没有统一的模式。有些人可能通过亲属关系、个人忠诚或共同敌人联系在一起，开展相互合作。其他人则与首都的贵族家庭、地方官员或当地的强人合作。毫无疑问，一旦开战，这些专业化的集团在作战和调配资源上的能力要远高于那些应征入伍的人，对后者而言，战争事实上破坏了他们的生计，而非改善其生活。最终，在治安和军事职能上，国家需要依靠这些专业化的武士团体。这一依靠关系并不意味着武士夺取了国家的权力，也不是说他们开始放弃被灌输的效忠之道，大权仍握在朝廷和公家的手里。[1]

在古代和中世的日本，最有权势的武士往往本身就是贵族，因此无意挑战贵族安身立命的现状。尽管他们从未达到过贵族等级的更高阶层，但许多统治日本的、相互关联的大家族，如平氏和源氏，本就是"臣籍降下"、不再竞逐王位的天皇儿孙的后代。天皇赐姓给这些子孙，由其建立起自己的家族，并从事与贵族公家一样的职业：或在朝廷担任公职，或作为位高权重的佛教神职人员，或成为专业武士。但同姓之下的各个家庭未必追求同样的事业轨迹，例如源氏成员就是如此。

当然，或许有人会问，有没有武士曾经试图推翻京都天皇，或占地称王呢？平将门就是第一个有可能叛乱朝廷的人。他住在

---

1 公家：日本为天皇与朝廷工作的贵族、官员的泛称。——编者注

日本东部，离今天的东京不远，身边的其他平氏家族成员控制着东部的土地，其中一些人担任皇室朝廷的代表。平将门曾任职于朝廷，在京都居住，但他说到底还是远离政治和文化权力中心的东部人。冲突最初源于不同平氏家族之间以及平将门亲戚间的土地之争——京都的贵族对这些争斗大体上听之任之，后来却演变成939年的叛乱，平将门奋起报复那些代表天皇的平氏家族成员。[1]平将门可能无意推翻天皇，其力量也不足以直接威胁到京都，但他毕竟在东部自称为"新皇"。这并未持续太久，940年，平将门就亡于其堂兄之手。

平清盛是另一个对天皇和公家发起挑战的人。他也是天皇后裔，像其他贵族一样在京都长大。当皇室内部爆发继承争端、决定谁将成为下一任天皇时，平清盛所率领的一方获胜；而主要在源义朝控制之下的失败一方，则多被流放或杀害。这场冲突最初仅是为了反抗那些代表贵族庇护的势力，后来却变成了平清盛与源义朝之间的对抗。最终，平清盛击败了源义朝，大肆积聚贵族头衔、官僚职位和各国郡的土地所有权。到12世纪70年代后期，他已成为真正威胁天皇的势力。在京都，在那些不由其直接掌控

---

1 史称"平将门之乱"，主要发生在关东地区，连同主要发生在濑户内海地区的藤原纯友之乱，合称为"承平天庆之乱"。

的重要位置上，他也安插盟友，还试图将首都迁到今天的神户，并对自己的城堡以及与中国通商的港口大兴土木，但迁都计划最终没有成功。平清盛成为第一个企图统治全日本武士的武家贵族，甚至把自己的外孙——日后的安德天皇送上皇位。当安德天皇登基时，被剥夺继承权的原太子便号召武士起来推翻平清盛。这一挑战引发了所谓的源平合战（1180—1185）。在日本历史上，这是一场史无前例、旷日持久的战争，波及的地域也前所未有地广泛。甚至在平清盛1181年寿终正寝之时，战争仍在继续。

在源平合战之前，对于武士的身份并无众口一词的界定。在武士社会的顶层，那些最有权势的家族本身就是贵族体系的一部分；"武士"与"贵族"的称号并不互斥。在大多数情况下，那些有着源氏或平氏等高贵姓氏的武士居住在乡间，无意挑战他们的祖先帮助建立起来的朝廷制度。许多人充当了京都和乡村之间的桥梁；他们对自己的亲戚和邻居尚且时时防备，没有什么能力揭竿而起挑战朝廷制度。在这一社会光谱的另一端，身份低下的非贵族士兵和雇佣兵所从事的也大多不是舞刀弄枪的工作。即使是中层武士，也与那些出身皇室的武士同行大相径庭。

在源赖朝取得源平合战的最终胜利后，这种情况有所改变。他留在镰仓的老巢，并得以创造了第一个以武士为中心的政权，即镰仓幕府（1185—1333）。教科书上往往将他描绘成日本武士身份的缔造者，但这种共同的身份只适用于位于镰仓、聚集在他周围的一小部分武士。这一所谓的"武家秩序"一开始并非井然有序，也不仅仅涉及武士。但这代表了武士概念不断泛化的第一步，这一概念中的武士文化和武士身份在随后的几个世纪中不断发展。

第二章

早期的武家政权

1185年，源赖朝战胜平氏，其势力自东向西席卷日本。在京都贵族与武士同盟的支持下，武家政权得以建立。直至1333年，诸多其他武家大族以尊皇的名义，推翻了镰仓幕府。初代将军源赖朝之后，代政的执权代替软弱的幕府将军成为实际掌权者，他们取代公家，不断巩固对日本的统治。因此，对日本早期武家政权的典型叙事集中在两点，一是幕府的政治架构，二是幕府如何成为公认的"武家秩序"的中心。这一叙事的关键在于武士，他们管理庄园，建立起初步的裁判所，并与上层贵族打交道，或受雇于后者，或与之为敌为友。在流行文化中，注意力的焦点往往集中在那些身着盔甲于战场上拼杀的武士。但实际却与电影、漫画不同，这些武士花费在战争上的时间并不像我们想象的那么多。早期武士的多彩历史通过女性得以完美体现。所有的武士家族都需要承担军事义务，而这些义务建立在更广义的武家家族体系的基础之上，这一庞大的家族体系涵盖了女性、家臣以及承担繁杂职务的仆人。军事义务不局限于战场作战，还包括缴纳粮食、织物以及服劳役。

此外，任何一个武士家族的生存都有赖于对财富的有效管理，并理顺联盟关系，特别是对于上层武家而言，理顺其与非武士贵族之间的关系尤为重要。男性固然在这一过程中居于主导地位，但也无法忽视女性的作用。一方面，女性被物化了，上层武家通过联姻来强化关系。但另一方面，女性在婚后依然拥有对嫁妆的财产权，并继续住在自己父母的宅邸中，或拥有自己的住处，且经常处于与丈夫分居的独居状态，这使得镰仓时期的武家女性比之后的武家女性独立得多。武家女性也极大地影响着家族的社会地位。例如，她们可以代替缺席或者死去的丈夫执掌事务，孀居的女性还可以承担起家族的军事义务。

　　图1　图中，巴御前身穿盔甲，被描绘成一个参战斗士而非贤妻良母。艺术家形容她"将丈夫的长枪舞得密不透风"。——大英博物馆，AN433673001

　　事实上，如果没有女性，就不会有镰仓幕府。京都公家的习俗是将子嗣的未来托付于女方监护人，而这些家族为源赖朝提供了武士与非武士之间的联系，这一联系对于源赖朝的成功至关重要。由于源赖朝的男性亲属死伤大半，他便依赖于那些视他为己出的女性家族成员。她们为他提供了财富、同龄的年轻伙伴以及来自京都的大小消息。他的母亲来自藤原氏，这一家族是13世纪以前最有势力的贵族，而源赖朝父亲的其他妻子都来自地位低于藤原氏的家族，因此母亲的血统保证了源赖朝在源氏家族内部拥有较高的地位。据说，平清盛在打败源氏家族时，是由于其继母的劝说，才没有处死源赖朝。平清盛将源赖朝流放到了东部的伊豆，而那里远离财富与权力的中心——京都。源赖朝在北条时政的监视下逐渐成长，时年22岁的北条时政是伊豆北条氏家主，而北条氏实力弱小，与平氏之间也并无密切的联系。源赖朝年幼时原本与其他京都显贵一样养尊处优，在少年时被送至穷乡僻壤，想必使其颇受打击。

　　与源氏类似，贵族武家也遵循主从联姻与子嗣培育的模式，女性在其中居于核心地位。在京都贵族的生活方式中，上层贵族男性子嗣的保姆和乳母来自下层贵族家庭，他们与这些保姆和乳母的儿子一同玩耍，一同接受教育。尽管社会地位有所差异，但是这些男孩在成人后往往能够结成值得信赖的主从关系，其根本原因在于他们从小一起长大。在伊豆，源赖朝自幼便与那些贵族女性相熟，直至他成年，她们始终为他提供着良好的生活条件。

例如，源赖朝的乳母之一——比企尼——一直为他提供大米，而这是一笔重要的财富。在丈夫死后，比企尼统领了比企氏，比企能员被过继到比企氏并成为其继承人，后来成为源赖朝最紧密的盟友之一，并在源赖朝死后成为将军的御家人之一。比企尼的女婿安达盛长也是如此，他也成为源赖朝的御家人，而他的家族则为源赖朝提供了亟须的经济支持。比企尼的女儿甚至成为源赖朝之子——镰仓幕府二代将军源赖家的乳母。另一个乳母则在源赖朝与三善康信（比企尼外孙）之间居中协调，后者为源赖朝在文职而非武职上鞠躬尽瘁。实际上，在伊豆期间，源赖朝能够依赖的男性年长亲属只有舅舅僧侣祐范，他每月向伊豆派遣侍从，为源赖朝传递来自京都的消息。

尽管源赖朝得到后世武士的争相称颂，但他并非从一开始就注定成为伟大人物。成年后的大多数时间，他都默默无闻。直至三十岁出头（在当时已算步入中年），源赖朝才声名鹊起，击败平氏并建立了镰仓幕府。直至其去世，镰仓幕府尚未大功告成。

源赖朝的背景、支持者与东部武家的政治经济环境都帮助他成功提升了武士阶层的政治权威，在其去世后，这种提升依然在延续。

源赖朝通过经济上的御恩[1]将一众家臣聚拢在身边。地方武家自身没有土地的所有权，但通过不在地地主授予的管理和监督职权，他们能够拥有土地并掌握其资源、人口与产出。下层武士自己没有掌控授领或者转领的权力，也很难向上进入有权的贵族阶层。以平清盛为例，他无法成为一个土地所有者，只能自称为土地的保护者和管理者。为此，他不得不效法藤原氏贵族的先例，将外孙推上天皇之位。

除了经济动荡之外，领地威胁也不容忽视。这种以武力手段争夺领地与职位的威胁，既来自周边的竞争者，也来自家族内部成员。看似有违常理，但最大的威胁恰恰源自家族内部。由于没有嫡长子继承制（长子继承全盘家产）的概念，家主的死亡可能立刻会导致表亲兄弟一系、叔父一系、分居各地的不同侧室庶子之间的争权夺利。对于下层武家或居住在京都及其周边的家族来

---

1 御恩：泛指主公给属下的恩惠。御恩的形式多样，在武家社会主要表现为赏给土地。面对"御恩"，属下以"奉公"来报答，如发生战争时参加战斗等。"御恩"和"奉公"是日本封建社会维系主从关系的重要形式。——编者注

说，他们的子嗣由母家抚养，而妻族往往极力争夺对财富和势力的控制。

因此，当皇子以仁王[1]颁布令旨，号召打倒平清盛时，那些收到令旨的人在决定是否以及如何参与的过程中，需要考虑家族内部的政治状况、他们与京都贵族之间的关系、当地的竞争者等各种因素。在源平合战的初期，平清盛花费了大量时间，与源氏的亲族、盟友展开争斗。起初，源氏的其他人物，例如1180年战败的源赖政、源赖朝的表兄源义仲，也曾起兵反抗平清盛，与源赖朝处于竞逐之势。源赖朝通过授予官职、土地以及允许其有正当理由讨伐对手，使得一批忠诚的武士聚拢在他的身边。源赖朝为生活在东部的人们提供了一个代替京都政权的选择。实际上，在平氏军队刚俘虏并杀死以仁王之后，朝廷便在平氏的干涉下宣布源氏为叛贼。因此，源赖朝与平清盛不同的是，他的霸业不是在朝廷内部范围内进行的，他可以从敌人手中没收土地，且无须将土地拱手交与天皇。

源平合战的进展出人意料。最初的主角以仁王及其对手

1　以仁王：后白河天皇第三皇子。1179年（治承三年），平清盛发动政变。次年，以仁王在源赖政的劝说下起兵反抗平氏夺位，并向源氏各族发出讨伐平家的令旨，最终兵败而死。——编者注

平清盛，先后死于1180年和1181年——以仁王及其源氏支持者陷入绝境，被杀身亡，而平清盛则死于高烧，在《平家物语》的文学化记载中，平清盛是被地狱的狱卒和业火带走的。

源赖朝一直忙于应对地方上的仇敌与对手，并在镰仓建立公务机关和官僚队伍，直到1184年进入京都。1185年，平氏从京都撤退至南方，而源赖朝的异母兄弟源义经则一路追讨。领导那些重大战役的正是这位源义经，而非源赖朝，其中便包括坛之浦的最后决战，那里地处西南，远离京都与镰仓。源氏在坛之浦摧毁了平氏残余势力，平氏的二位尼[1]抱着平清盛的外孙安德天皇投海自杀。平氏武士、平氏女性及其仆从的败亡是如此悲壮，以至于当地传说，平氏武士将自己的灵魂化身在了小螃蟹的甲壳之上。

---

1 二位尼：即平时子（1126—1185），平清盛的妻子。承安元年（1171），叙从二位，被称为二位尼，在平清盛过世后成为平氏一族重要的精神支柱。——编者注

图2　一个脍炙人口的传说讲述了战败的平氏武士如何化身于这些日本西南海域的螃蟹。据称，这些螃蟹身负着那些愤怒的武士亡魂，特别是那些死于关键战役坛之浦之战的武士，该战役结束了源平合战（1180—1185）。——作者自藏

　　源平合战在日本武士历史中的意义不能被简单归结为成败得失。天皇别无选择，只得承认崛起的源赖朝为日本的最高武士，并使其成为全日本国郡的"守护"。天皇恢复了源赖朝的朝廷冠位[1]，撤销了他的叛贼身份，并承认他拥有向全日本武士授予领地、任命地头[2]的权力。但是武士并未完全掌控日本，甚

1 冠位：日本古代官制，根据管理才能和功绩分成12种官位，也即冠位十二阶。

2 地头：负责管理庄园及事务的职务名称，任免权属于幕府，责任有征收、上缴年贡，管理土地，维持治安等。——编者注

至源赖朝本人也渴望朝廷的冠位与京都的认可。在肖像画中，源赖朝身着公家贵族之服，而非武士战袍。此次战乱导致整个上层惴惴不安，包括京都公家、寺庙神社、武士、源赖朝及其支持者、地方豪族在内，概莫能外。武士们不再只是单纯地"侍奉"京都贵族，而是不断蚕食着京都的统治特权，甚至源赖朝都无法完全掌控这一进程。

源赖朝的镰仓

镰仓，一座自古以来便与源赖朝紧密相连的普通村落，在12世纪80年代成为权倾一时的重镇，时名"大仓御所"，后来成为日本首个武家政权——镰仓幕府的所在地。在整个日本，希望从源赖朝的成功中分得一杯羹的武士都宣称，他们皆是源赖朝的家臣，称为"御家人"，希望以此获得在各自领地的权力合法性。幕府机构由京都下层贵族、僧侣与武士构成，他们处理家臣的御恩与奉公，并判决武士与武士之间、武士与非武士之间的各种诉讼。

　　图3　相比武士的身份，早期日本的武士更为重视朝廷授予的冠位。图中人物据称为源赖朝，读者能猜出此为武士肖像的唯一线索在于其腰间的短刀。——京都神护寺

　　镰仓幕府的建立是历史的分水岭，它从此永久地改变了不同武家之间的关系。尽管这一变化局限于那些身居镰仓之人，主要是源赖朝的御家人与奉公众，但对武士而言，他们也有了彼此日常接触的机会。12世纪之前，大多数武士仅与族人、仆人、家臣接触。除了偶尔在京担任警务或参战，异姓的武士相互之间很少接触。换言之，在幕府特别是源赖朝的御所内，武士逐渐发展成一个具有排外性质的社会集团。这些武士大多直属于源赖朝，御所则作为公务会议与社交聚会的空间，成为强化各个武士家族、安排联姻与整治处罚的场所。在这里，日常的政事与社交密不可分。例如，源赖朝曾在一次棋盘游戏（双六[1]）中杀死一名家臣。在御所外，武士们共同巡猎，并参与兼具宗教与军事功能的各种仪式，例如相扑或骑射比赛。这些活动为武士提供了机会，得以加强彼此之间及其与幕府之间的联系，而与京都非武士的公家则渐行渐远。尽管如此，在日本历史的大多数时间里，与京都贵族的联系——尤其是联姻，对于武士而言依然十分重要。

　　源赖朝的家臣彼此之间并非完全熟识，许多人只是名义上臣服于他。直至1189年奥州合战，源赖朝命其家臣随他出征讨伐北

---

1 双六：一种传统桌上游戏，游戏人掷骰子，以骰子的点数，将棋子在棋盘上移动前进。——编者注

方城市平泉的时候，他才最终分辨出了哪些是他的家臣、哪些不是。那些拒绝遵守命令的家臣被剥夺了冠位和令人艳羡的特权。大体而言，武士们首要关心的是领地内的事务，其次才是与幕府的关系。对幕府的忠诚有时是松散的，并没有扩散到日本各地非源赖朝家臣的武士当中。

与之前的平清盛一样，源赖朝在建立独立的政治核心时，也将有利于自己的贵族安排在京都的行政要位上。源赖朝对其统治并无雄图大略，他只是要求武士们遵循当地的惯例和贵族定下的旧规。源赖朝的胜利也并未开启武士统治的时代。他和幕府力图驾驭武士的野心，但并未取代或摧毁京都朝廷。在12世纪余下的时间以及13世纪的部分时间里，幕府仍作为京都的执政伙伴，且地位低于京都。幕府日后被视为一种半官僚性质的政权，这大体上要在源赖朝1199年死后才逐渐发展起来。

北条的镰仓

正如贵族与上层武家的习俗一样，源赖朝的儿子们也由族内女性、母家的男性和孀居的北条政子抚养长大。北条政子是源赖朝与幕府之间最亲密之人，这使得她处于对幕府控制权之争的中心位置，争权夺利的人中包括她的弟弟（北条义时）、父亲（北条时政）、儿子（源赖家）及其妻妾的家族（比企氏），以及源氏的支持者。尽管许多家臣试图通过北条政子维护源赖朝的政治遗产，但并非人人都盲目忠诚，也有人挑战北条的权威。在随后围绕继承权的纷争中，北条氏、比企氏、源氏有十余人死于非命，12世纪末至13世纪初，北条政子成为幕府政治中屈指可数的兴亡继绝之人。

北条政子远不是一个护儿的母亲，相比于支持自己的儿子二代将军源赖家，她与自己的家族北条氏关系更为紧密。根据13世纪晚期的《吾妻镜》[1]中记载，源赖家是一个碌碌无为的领袖。源赖朝去世不久，源赖家便编造理由，差遣父亲的一个近臣[2]出远门，妄图在其离开后霸占其侧室。该家臣识破诡计并返回镰仓后，源赖家又计划先发制人攻击他的住所。北条政子赶到这名家臣的住所，阻止了儿子的袭击，并以书面形式斥责源赖家。日后，她还向这位家臣保证不会受到源赖家的报复。不仅是这位家臣，甚至是源氏家族的人都要寻求北条政子的保护，比如源赖朝

---

1 《吾妻镜》：镰仓幕府官修编年体史书，是日本最初的武家记录。——编者注
2 安达景盛：武将、镰仓幕府的御家人。

同父异母的弟弟阿野全成。但北条政子把阿野全成视为家族的潜在威胁，予以拒绝。最终，阿野全成被追捕身亡。

北条政子站在兄弟而非儿子源赖家一边，这使得源赖家与其妻子的家族——比企氏越走越近，导致了比企氏与北条氏的彻底对立。比企氏利用源赖家在幕府谋得重要职位，并且出手干涉幕府将军的继承。例如，比企氏族长比企能员试图让自己的外孙继承源赖家的将军职位，由比企氏主导幕府。但是，北条时政也有同样的企图，于是他下令处决了源赖家的子嗣和比企氏的一些成员。1203年，源赖家患病后，北条政子与其父北条时政强迫源赖家退位。当北条时政获悉源赖家谋划暗杀自己时，源赖家却被杀身亡，北条氏最终获得了胜利。[1]作为北条氏族长，北条时政自然对幕府的未来有着自己的想法——他希望其第二任妻子的孩子能够掌控大局。但是北条政子更倾向于自己的兄弟北条义时。1205年，北条政子将父亲逮捕，并与北条义时一起控制了幕府。

武士与京都朝廷的联系，使得武家内部的紧张关系越发复杂。源赖家生病和去世后不久，源赖朝留下的最后一个儿子——11岁的源实朝便被选为幕府将军。但他时常参与京都贵族的活

---

1 史称"比企能员之变"，比企能员被北条时政手下武士杀害，残留的比企氏亲旧党羽也全被诛灭。

动，与其说是武士，不如说更像是一个公家。他热衷于研习和歌，并向最伟大的歌人之一——藤原定家学习。源实朝与京都贵族交往甚密，其中便包括后鸟羽天皇。与其父类似，对于源实朝而言，"将军"一职的重要性低于在公家中的冠位。在此方面，源实朝甚至比源赖朝有过之而无不及，他获得一个声名显赫的行政头衔"右大臣"，在当时，这一职位很大程度上是个虚职，意指监察京都的太政官。然而源实朝享受这一职位不过短短数个小时；在仪式中[1]，源实朝就被自己的侄子、源赖家之子源公晓杀死，因为源公晓将父亲的死归咎于他。随着1219年源实朝被害身亡，源赖朝血脉断绝。

源实朝与京都贵族的紧密联系标志着朝廷与幕府的关系达到顶峰。由于源实朝子嗣俱亡，1218年，北条政子与后鸟羽天皇达成协议，由皇子担任四代将军。后鸟羽天皇对这一方案颇感兴趣，如此一来，他便能同时影响新任天皇与新任将军。源实朝的被害反而为后鸟羽天皇提供了契机，使其得以完成源平合战后后白河上皇未完成的事业——使武士臣服于京都朝廷。

---

1 源实朝庆祝升任而前往位于镰仓的鹤冈八幡宫参拜。

承久时代

1221年，后鸟羽天皇发动攻击幕府的战争，史称"承久之乱"，承久是当时的年号。这场战争在军事上并无可圈可点之处，后鸟羽天皇召集了一大批来路各异的武士，其中一些是幕府家臣，还有许多是与幕府无关的西国武士，共同反对北条氏及其支持者。两支部队各约有千人，战斗持续了不到一个月。但是，这场战争促使权力从天皇和朝廷转移到了幕府手中，且皇太子、天皇与三位上皇均被流放。在此事件中，北条政子可谓厥功至伟，她的演说唤起了御家人对她亡夫的忠诚。[1]双方的部分武士多少都出于各自的忠诚而战，但也有人不过是拿战争作为互相攻讦的借口。如若后鸟羽天皇获胜，日本各地的武家权威只会不升反降。但最终，北条军不足一月便击溃了后鸟羽天皇的军队。

13世纪，北条氏胜利后，在其管理下，幕府的诸多官职与官僚机构得以设立与发展起来。各个武士家族仍热衷于维护庄园的稳定，只求自保，但北条氏也不能为所欲为。即便这些武士并没

---

1 后鸟羽天皇向全国的武士发出了"讨伐北条义时"的命令，但接到消息的镰仓幕府内的御家人害怕成为反贼，对于是否参战拿不定主意。这时，北条政子在集合的御家人面前演讲了亡夫源赖朝是如何带着御家人创立幕府，实现武士治世。受到政子的言语激励，御家人战意高涨，史称"最期之词"。——编者注

有全心全意支持北条氏，但他们至少愿意暂时与幕府合作。幕府也将更大范围的武士纳入到了统治之下，以缓解其不安情绪。

北条氏在日本各地的庄园，特别是战败的后鸟羽天皇支持者的地区以及幕府之前并未触及的地区，设置了新的武士管理者，这些管理者之中甚至还有女性。幕府并未遵循"承久之乱"以前五花八门的税收方式，而尝试在所有庄园统一税收标准。这种全面政策在幕府早期难以开展，因为源赖朝及其继任者，既无人力也无经验挑战京都的先例。在那段时期，幕府接受京都的领导，与京都共同统治，而非取而代之。

北条氏授予各地奉行[1]平息叛乱、追捕罪犯、打击海盗、守卫海防的权力，在偏远的日本南方，各地奉行还能审讯和判决罪犯。这些奉行可能连跨数个庄园、公领，这是当地武士做不到的。尽管如此，奉行职位的任命不是固定不变的；他们无征税权，不能脱离幕府行事，也不能侵犯非武家的领地。

直至1232年，镰仓幕府才颁行首部法典——《御成败式目》，作为对"承久之乱"的回应。尽管《御成败式目》往往被描述为一部军法，但它也反映出了京都官僚体系中的诸多常见问题。称其

---

1 奉行：官职名，镰仓幕府将其作为掌理政务的常设职位。——编者注

为"法"，可能高估了它对不同"武士"的影响，因为"武士"
内部也各有差异。这里所谓的"法"不同于今日"法"的含义，
例如，在前近代的世界里，几乎没有关于执行规范的机制，也没
有像如今一样渗透至日常生活方方面面的法律文化；没有哪个前
近代的政府能像现代政府这般，对个人及其财产进行从头到脚的
监管与分类，政府甚至未有过这类念想。大体而言，《御成败式
目》只是对中上阶层的管理，规定了奉行和地头的行为规范。在
远离镰仓的地方，许多武士根本无视这一规范。尽管如此，日本
的武家政权首次建立了一种跨时空的武士行为准则——直至19世
纪，武家领导人与学者们也从未停止对这一法典的研究，哪怕镰
仓幕府早已消亡多时。

作为一部"法律"文书，《御成败式目》符合幕府一直以来
的做法，即强调遵循先例。"各国守护和奉行均可行使正常管辖
权，不必求助于幕府意见。"[1]实际上，这些奉行甚至被告知，即
便寺庙神社寻求幕府的指令，幕府也不会回应其要求。

《御成败式目》试图对"承久之乱"后新近获得权力的家臣与
管理者加以限制。若发现地头漏税或私自增税，便"撤销其职"。
若其副职犯罪，或"违反法令先例"，且守护知情不报、刻意袒
护，也会被问罪。守护没收罪犯财产而隐瞒者，"视同违法"。

14世纪中叶，一部名为《沙汰未练书》的诉讼手册界定了"原告"等简单术语以及"民事杂务"等复杂概念，后者包括"息贷、米贷、售田、奴婢、半自由工匠、诱拐仆人"等，此外，还界定了"刑事案件"，涉及"谋叛、夜袭、抢劫、盗窃、土匪、海盗、谋杀、纵火、殴打、利器伤人、扣押强奸女性、制造恐慌并趁机盗窃、收割他人水旱田"等。

那么，日本各地武士的生活又如何呢？这取决于他们为谁工作，以及在当地的等级制度中地位如何。幕府期望御家人每年都能在京都执行数个月的守卫职责，侍奉当地的守护，或者在某个庄园承担行政与警备事务。为了了解幕府家臣所要求履行的全部职责，人员可能会在不同职位间轮换。有些武士虽不直属于幕府，也可在地方上起到类似的作用，为贵族、寺院或者豪族提供各种服务，这些豪族、京都贵族和镰仓幕府仅有松散的联系，没有实质关系，一些武士则直接效忠于天皇。由于日本并无持续性的战争，因此，这些职责往往是一些简单的、体力性的工作——许多武士与平民一道从事农业生产。

绝大多数武士经济拮据，地头的收入通常来自收上来的税赋，因此他们常常滥用征税权。经济方面，由于儿女享有同样的继承权，土地历经几代的分割，拥有领地的家族往往会陷入困境。大兴土木、资助佛寺、购买中国工艺品、参与宫廷仪式，这些都是上层武士消耗财富的原因，于是他们不得不向当地商人借钱，从而陷入无尽的债务之中。武士的传统收入来自土地收成，后者也难以跟上不断发展的商品经济的步伐。这些问题并非突然出现，但随着蒙古的袭来，这些矛盾骤然加剧。

蒙古袭来

1279年，成吉思汗的孙子、蒙古人的首领忽必烈消灭了南宋，完成全国统一，实现了其祖父未能实现的夙愿。忽必烈从北京出发，发动了数十年的战争，其结果有得有失。例如，他制伏了朝鲜半岛，但未能征服爪哇、越南的大越与占婆、日本。武士的历史与东亚其他地区的事件始终紧密相连，尽管蒙古未能在日本有所斩获，但却使得"武家秩序"的缺点暴露无遗。

按照一般的统计，蒙古领导的军事力量两次进攻南部的九州岛，其队伍中包括中原汉人与朝鲜人。1274年和1281年，日本武士遇到的敌人在兵力规模、组织、技术（包括火药应用）等方面均远比自己强大。军事史家将日本的战损归咎于所谓"传统"的作战形式，即报出家名、一对一决斗。初次入侵仅仅持续了一天，一场台风就将蒙古人吹回了大海。之后，日本人在博多湾构筑工事，其中包括抵抗蒙古数月之久的石筑地，直到另一场台风让日本再次转危为安。这些台风被视作"神风"，在20世纪三四十年代的战时宣传中格外流行。二战末期，日本军队寄希望于自杀式飞行员的"神风特攻"，来抵御另一个更胜一筹的外部势力——美国的入侵。

近期的学术研究表明，这些台风可能不过是虚构的神话。其实是宗教机构助推了这一神灵显现的故事，以便于从击败蒙古的获益中多分得一杯羹。一些历史学家声称，日本仅凭台风不足以战胜蒙古。那么，蒙古人为何撤退了呢？或许日本人并不弱，凭借其高效的武力组织击败了蒙古人；或许蒙古人确实强于日本人，但其目的并非想要全面入侵，只不过试探日本的军力而已。13世纪70年代，忽必烈仍在与南宋王朝对战，而在13世纪80年代，忽必烈开始攻略其他地方，他既无能力也无意愿全面入侵日本。

日本为保卫九州、应对第三次入侵做了准备，尽管蒙古并未再度来袭，但这些准备使得北条氏在日本南方和中部的影响力大大加强。在这些地区，守护、奉行的数量显著增加，而他们往往来自北条氏及其分支。幕府还从那些蒙古袭来前未曾染指的庄园招募武力，在那些本不属于自己家臣的地区，幕府一旦迈入，便再也不会弃之不顾。在过去，北条氏所管辖的主要寺庙、神社仅限日本东部，现在则进一步扩张到了西部地区。

对于武家统治而言，蒙古袭来与其说导致了新问题，不如说加剧了旧问题。那些动员手下参与守卫九州的武士，希望可以得到奖赏。由于既无朝廷税收，也没有来自幕府的太多经济支持，这一负担最终落在了武士身上，他们需要从周边领地征收更多的税赋。北条氏自身并无新地可分，而那些得到若干奖赏的武士大多来自九州。北条氏下令，九州诸武家应将继承权集中于男性后代，剥夺女性后代的经济特权。随着时间推移，这种做法拓展到了日本各地的武家。由此，继承权渐渐落在了长子手中，不仅是女性，甚至其他的男性子嗣也只能屈居人后。

北条氏还颁布了一系列禁令，禁止武士出售土地或将土地转赠给非亲属的他人。这最终导致"德政令"，强迫从武家获取土地的人将其物归原主，不管这些土地是债务抵押品，还是以礼物为名出售的商品。这些取消债务的举措确实称得上"德政"，因为土地不是可供买卖的商品，而是武家氏族的固有遗产。然而，与其他前近代法令一样，这些土地的退还常常是模糊不清的。许多

情况下，受益人的主张也难以落实，例如一些神社的神职人员认为
该法令也适用于他们。禁令的实施和执行通常很难真正开展。

镰仓的衰落

　　13世纪下半叶，镰仓幕府的普通家臣及将军本人都饱受内部
纷争之苦。1284年，镰仓幕府的强力执权北条时宗去世后，北条
氏最大的两个家臣——平赖纲与安达泰盛开始内斗。1285年，平
赖纲试图讨伐安达泰盛，导致他们的支持者与手下之间发生了一
系列的谋杀、大清洗与自杀，直到1293年平赖纲被杀身亡。[1]这
些暴力的政治阴谋也扩散到京都，公家分裂成数派，有人记恨北
条氏在朝廷政治中的所作所为，有人则支持幕府。武家内部的旁
支开始纷纷脱离主家，直接响应自主拱卫九州的号召，而不再仅
仅听从家主的领导。各武家与地理遥远的血缘亲属的结盟逐渐减
少，而与地缘接近的其他武家则日益过从甚密。

　　社会上层的局势愈发紧张，而与此同时，底层也出现了越

1　史称"平禅门之乱"。

来越多的土匪、海盗、佣兵、强盗，他们被统称为"恶党"。无论是镰仓幕府及其家臣，还是京都的朝廷，都无力垄断日本的武力。13世纪下半叶，这些恶党的规模从至多几十人发展至数百人之众。14世纪初，恶党的数量达到顶峰，构成也越来越复杂；有的恶党甚至构筑堡垒、与地方武士联合或者为当地寺庙工作。各种不同的人群纷纷自我武装起来，为的是抵抗13世纪以来不断发展的商品货币经济，也为了防御同时来自社会上层与底层的种种威胁。

初代武家政权的遗产

19世纪中叶，武士时代行将终结，一些权威武士将武士的存在视为源赖朝的遗产。对他们来说，源赖朝是武家统治的奠基人。然而，总体而言，源赖朝在有生之年里并未得到万众敬仰，这种对他的歌功颂德很晚才出现在前近代的武士历史中。中国僧侣陈和卿[1]重建了1180年被烧毁的东大寺，当源赖朝想要召见陈和卿时，他因为源赖朝曾杀死表兄弟（源义仲）与异母兄弟（源

---

1 陈和卿：南宋人，寺庙建筑师和佛像雕塑师，是镰仓时代东渡日本的一位著名工匠。——编者注

义经），反感于源赖朝杀生过多，予以拒绝。当源赖朝赠他礼物时，他只收下了其中的一个马鞍与一套盔甲，并将马鞍捐给了寺庙，将盔甲熔化后制成了钉子。从12世纪晚期到13世纪，幕府领导层内部的政治阴谋都充斥着暴力。血亲成为谋杀的对象，源赖朝的直系后代无一人得以善终，他的血脉也未能延续。

日本的首个武家政权是逐渐变化发展起来的。它发轫于与京都贵族以及历代天皇相关的各个事件之中。官僚模式乃至官僚本身、财富判定、资助教宗、文学传统甚至是姻亲政治，这些都始于京都。无论是否自称为源氏的"御家人"，无论是否侵占贵族与寺庙的领地，无论是否凭借幕府委任的职位在地方上作威作福，武士都必须与传统的制度习俗相抗衡，尽管这些制度习俗并非由其创立。

另一方面，京都的上层始终无法遏制武家权力。天皇固然可以"授予"将军头衔，但这绝不意味着可以对其进行控制。源赖朝与北条氏的将军头衔都不是"请求"得来的，而是"要求"来的。也曾有好几位京都的天皇试图从武家手中夺回权力，首先是后白河天皇，他介入到源赖朝与其同父异母的兄弟源义经的纷争中，站在源赖朝一方；其次是后鸟羽天皇，他与北条氏也有过短暂的较量；第三位是后醍醐天皇，他在1333年挑战幕府并获得成功，然而即便如此，朝廷也无法阻止武士的野心，京都的公家与镰仓的武家上层从未彻底分裂。1219年源实朝去世后，后面的数任将军就来自京都贵族而非武家。

镰仓幕府的法令文书谈到了"家"的重要性，"家"定义甚广，不仅包括血亲，还包括武士的家臣、非武士的仆人、保姆与乳娘，以及空间时间上都相距甚远的旁系血脉，所有这些人既可能成为最重要的盟友，也有可能是最危险的敌人。事实上，无论是武家社会的顶层人物，还是处于边缘地位、渴望自保和扩张的氏族，都有可能受到日本各处军事、宗教、贵族人际网络的威胁，也有可能得益于此从而发展自己。

镰仓幕府尽管看上去较为羸弱，但它开创了后世武家政权的模式。1862年，一位武士职官批评京都贵族及其支持者干涉政事，指出自镰仓幕府以后，武士便统治了日本的政治。他的主君——日本最后一代将军，最终在1868年向天皇投降。一年后新成立的政府布告："镰仓时代以来武家统治的愚政恶行已告终结，大政现已归还于天皇。" [2]

中世的战争与武士文化

16世纪的耶稣会士路易斯·弗洛伊斯（Luis Frois）曾这样描述海盗头领（水军当主）村上武吉，"势力庞大，沿海地区乃至其他领地的沿海地区恐遭其打击，均献上年供"。[1]其船不断"飞驰海上"，与其他16世纪的藩主一样，村上武吉不再依赖京都朝廷的庇护以确保财富、权势与影响力。[2]在早期的武士历史中，京都和镰仓的权力中心极大地影响着日本各地武士的生存，但14世纪至16世纪，权力逐渐转向地方网络，最终在战国时代达到了高潮，实现了"下克上"。

　　1333年镰仓幕府和北条氏执权政治崩溃，之后的三个世纪里，各地战乱横行，这也影响到公家与武家的关系，以及武士所拥有的财富和权力的性质。然而出人意料的是，这段历史上最暴力的时期恰恰也是武士支持和参与艺术世界达到顶峰的时期。16世纪的征服者——织田信长，尽管焚毁寺庙、屠杀成千上万的普通支持者，却对能乐专研有道，甚至在桶狭间合战之前还能表演敦盛之舞。[1]

京都面临的难题

"承久之乱"（1221）以后，北条氏的统治第一次出现了裂缝，此时恰逢后醍醐天皇的崛起。正如1221年后鸟羽上皇的所作所为一样，后醍醐天皇也密谋推翻北条氏。后醍醐天皇成为天皇本是权宜之计，介于其同父异母兄弟的前任天皇驾崩之后，下一任天皇登基之前。然而，与其他天皇的不同之处在于，他已成年，并非任人摆布的孩童，且身边环绕着能够支持其政治抱负的众多谋士。他不仅反对幕府和朝廷的协议，拒绝放弃天皇身份，甚至将自己的儿子立为下一任天皇，以确保对京都的控制。他在身边聚集了广泛的支持者，声称拥有对所有武士的宗主权，并于1331年发出打倒幕府的号令。北条氏迅速收拾残局，将其放逐，

---

1 1560年（永禄三年）的桶狭间合战中，织田信长率军奇袭东海道大名今川义元的军队而获胜。这一战役被誉为日本战国三大奇袭战之一。奇袭前，织田信长自演"敦盛"，此为曲舞"幸若舞"中的一个曲目。

并清除了他的许多支持者。但并非所有人都弃后醍醐天皇而去，他的将军楠木正成组织起一批同情天皇而游离于幕府之外的武士。就如源赖朝一个多世纪之前所做的那样，后醍醐天皇也对这些武士许以冠位和财富。北条氏虽颇为恼怒但仍成竹在胸，派出由足利尊氏领导的另一支军队。时年28岁的足利尊氏是足利氏的家主，他日渐崛起，统领的足利氏长期以来都是北条氏的同盟。然而，足利尊氏非但未与后醍醐天皇的军队作战，反而袭击了幕府的京都六波罗府。另一个北条氏盟友新田氏也在东部起兵反抗北条氏。自12世纪末以来，天皇终于第一次得以成功地执政，而不必与武家政权分享权力。

　　然而后醍醐天皇也未能庆幸太久。1333年至1336年的三年间，他掌握了原属幕府的特权，成为赐予武士冠位与领地的唯一权威。[1]但与此同时，足利尊氏的影响力也与日俱增，后醍醐天皇却未能对其加以约束。为防止北条氏死灰复燃，足利尊氏聚集了诸多效忠于他的武士发兵镰仓，并在班师回京的途中击溃了更多敌人。此时，京都却暴力四起。一位不知名的作者曾如此诉苦京都二条河原的政治局势："近日，夜袭、劫匪、伪造法令、为非

1　史称"建武新政"。

作歹、快马飞驰（说明某处出事了）、随意斗殴、人头落地在京城随处可见……"[3]

就像几个世纪前的平清盛一样，足利尊氏把自己中意之人推上了京都的皇位，并开始营造后世所谓的室町幕府（1336—1573）。室町源自京都的地名，京都乃是其政权的中心。后醍醐天皇则在京都以南80公里的吉野建立起自己的朝廷，并在那里寿终正寝。双方的继承人互相争斗，直至1392年吉野防线被击溃，但这一争斗仍阴魂不散——二战结束时，有人自称是南朝的后裔，要求取代北朝的冒名顶替者裕仁天皇。

新生的足利幕府依靠地方的各个武士家族实施统治。在西南部的九州岛，蒙古人曾试图入侵，因此，当地基本由守护实施统治，在他们看来这理所应当。东部也是如此，在镰仓周围，足利氏不得不将权力分配给那些宣称效忠的武士。这些守护尽管从未拥有完全独立于幕府的权利，但却逐渐得到了其镰仓时期的前辈从未享有的各种权力：征税、不必征询幕府即可判决和执法、向当地原告收费以执行判决等。随着岁入的增加，各个守护建立起比镰仓时期规模更大的军队。但是，并非所有日本的领土都在守护的管辖之下。有些地方豪强原本就不从属于幕府官僚体系的职权范围，仍旧控制着自己的领地。鉴于大量守护住在京都，将其领地交由下属管理，这些地头要么向幕府寻求官方头衔，要么迫使守护承认其在该地区的主导地位。在整个15世纪，这种向地方的转向逐渐发展起来。对于海盗村上武吉等人而言，地方上的人脉网络、组织和财富来源，远比其与京都政治中心的纽带更为重要。这就是所谓"大名"——16世纪藩主的起源。

战争的工具

电影常描述武士手持闪光利刃、驾驭悍马冲入战场的场景，而在此之前，武士自己就早已对其战斗的奇幻描写乐此不疲。无论是武士，还是非武士，都在阅读、聆听并观看"军记"——这一文学体裁最早在13世纪便已问世。长期以来，历史学家一直警告，这些故事中对早期武士战争的描述错误百出，不可把它们当作历史事件的准确描述，但就连历史教科书也倾向于接受这些有问题的描述。一个传说流传最久，不免让人相信武士在战斗之前要报上家名。在影视作品中，这颇有吸引力，但缺乏历史证据的支撑，军事史家也不再轻信这一描述。根据当时一份描述蒙古袭来的记载，确有一些日本武士试图在战前自报家门，但却遭到了蒙古军队的嘲笑。这些武士可能只是为了模仿军记中的英雄壮举而已，就像日本的黑社会（极道）也会模仿黑帮电影中的穿衣风格。

然而，战争不仅关乎战斗力。武士可能无视命令，甚至在认为受到侵犯时攻击盟友。武士涂抹装饰盔甲，目的不在威吓对手，而是为了让人们聚众观看其战斗时能够更为显眼。杀死一个下层的普通武士并不值得大书特书，远不如杀死一个杰出人物或者知名武士。在15世纪以前的小冲突中，交战双方在战前可能会有一些口头交流，但这显然不是常态。

与战国时代（1467—1600）的大规模战争相比，早期战事的参与军队规模较小。一些武士家臣可能会招募几十人参与战斗，但大多数情况却只能招到十几个人。上层武士效忠于源赖朝，通过与这般上层武士的军队联手，这些家臣可能拉拢当地人作为临时的随从，部队人数由此达到几百至几千不等。根据不同史料，第一场大战——源平合战，涉及人数可能少则几千，但至多不过四万。鉴于源平合战涉及的地域范围广阔，堑壕等防御工事还改变了地形，很有可能很多不是武士的人也参与其中。

镰仓时代的战争开战时，武士骑在马上，身旁则是步行者，这些步行者要么互斗，要么试图掀翻骑马的武士。试想一下，冲进敌阵的现代马匹的大小和速度，这种战术似乎不太可行。日本游客也对各地神社中令人心跳的骑射（流镝马）表演极度入迷。弓箭手高高站立、鹤立鸡群，不牵缰绳，全速奔腾，射击一排木靶。但前近代的现实并非如此惊心动魄，日本中世纪的马匹大约只有矮种马大小，上面骑了全副盔甲的人后，既跑不快也跑不远。

纵观日本前近代历史的大部分时间，精英武士的主选武器是弓箭，而不是刀。骑射如此常见，以至于短语"弓马之道"用来泛指军事技艺。早期历史的小型战争中，向其他骑兵射箭，或者射杀步兵是作战的最常见方法。军功奖状（感状）和战场报告（注文）中揭示了哪种武器最为致命。直到14世纪，弓箭仍是造成伤亡的主因。但一发弓箭通常无法杀死武士，尤其是那些买得起好盔甲的富有武士。除了盔甲能挡住众箭之外，当武士骑马远离敌人时，插在盔甲身后、随风飘扬的布状背旗（帜）也能增加瞄准的难度，因为它能部分地遮住武士轮廓、阻碍箭的冲力。然而由于战场的医术原始简陋，即便是一支流矢或者拔箭不当，都会导致武士流血过多，死得既耗时又痛苦。

在现代观众的眼中，刀象征着另一种魅力，据说它代表了武士的灵魂，锋利异常，触之即断。但直至14世纪，刀仅仅是一种辅助性的武器，用以近战获取优势、杀死倒下的敌人，或者为了换取奖励将对方斩首，那种流行文化中典型的武士刀不过是后世才有的发明。蒙古袭来之前，武士刀沉重且刀刃很长，如大砍刀一般用以攻击马腿。早期武士刀的杀伤力主要来自冲力与重量，锋利与否并不那么重要。现今留存的战斗报告和考古的发掘表明，颅骨碎裂是中世典型的致命刀伤，而不是切断动脉的精确刺击。

除了标志性的弓箭和刀之外，武士的武器还包括长枪（长矛）、戟、弩、盾、战斧、大木槌、长耙（熊手）甚至石头。弩在中国古代军队中颇为常见，日本很可能也有。它们确实存在，但是由于上箭速度慢、射程精度有限等局限性未能普及。古书中还提及了一种大型弩，可能用在塔楼之上，被称作"大弓"，但现在已找不到复制品，甚至连一张示意图都没有。

火器传入日本[1]的传说则始于一艘葡萄牙船只，该船被风暴吹到名为种子岛的一座小岛上。故事中说，1543年，岛上藩主意识到了船上火绳枪的重要性，遂命令当地工匠拆解研究后加以复

---

1 日语将火器传入日本称为"铁炮传来"，但值得注意的是日语中的"铁炮"指火绳枪等火器，而非中文中的铁质大炮。火器，也即用火力杀伤人或用火力发射的兵器，泛指由西方传来的热兵器，其中最具代表性的是火绳枪。

制，而战国乱世期间火绳枪需求正好激增，从而开启了日本国内的火绳枪锻造业。日本军事史学家发现，早在15世纪中叶，原始的前方装弹的火绳枪就已从琉球、东南亚与中国传入了日本。尽管将火器传入日本的并不是欧洲人，但整个16世纪下半叶，他们带来的武器确实数量更多、质量更好。火绳枪在战斗中发挥了重要的作用，但它们并没有改变日本战争的本质或战术。

关于日本火绳枪的最大迷思在于，日本武士最终放弃火绳枪转而用刀，是因为刀更尊贵，代表着武士的灵魂，这完全是无稽之谈。首先，战国时代之后的和平时期，在小规模战斗和暴动中，人们依然使用火绳枪：大名将火绳枪作为礼物赠人，平民与武士都在狩猎娱乐中使用火绳枪。从17世纪到19世纪早期，设置在日本最大港口长崎的大炮，与欧洲所用的大炮别无二致。武士用火绳枪对抗中国人，这些中国人被指控在长崎南部从事走私活动。因此，武士从未"放弃"过使用火绳枪，尽管战国时代以后使用的机会确实减少了。

典型的武士盔甲有着悠久的历史，但就像武器一样，它也因时而变。镰仓时期（1185—1333）的盔甲由几块漆木编制而成，胸部有金属加固物。它覆盖了面部以外身体的大部，但未能很好地保护四肢。这种全身盔甲很昂贵，大多数步兵只能穿覆盖躯干的基础盔甲。锁子甲与欧洲的类似，但链条较小，始用于14世纪，并与传统的金属板甲搭配使用。头盔随着武士身份的变化而变化，制材多样，包括铁、钢、铆接而成的金属板，以及普通士兵所穿的硬化皮革。盔甲的变化反映出战术的变化，特别是在15—16世纪，当时战争的规模更大，部队组织更精良，士兵们用长枪、弓箭和火枪相互攻击。在欧洲与北美各地的博物馆中都能看到完整保存的盔甲，但其中大多是17—19世纪的产物，当时鲜有战争，盔甲要么是武士游行时所穿，要么在家中作为装饰，与作战完全无关。偶尔欧洲人也对日本盔甲带来一些影响，例如头盔的形状类似欧洲骑士所佩戴的头盔，但这种影响并不常见。

日本武士不使用欧洲风格的单手盾。日本的盾牌通常是木制的，和人一样高。它们通常带一个架子，从而可以一排人移动、并放，形成一堵移动的墙。这些盾牌往往是随机的灵活防御：在战斗中，木门、墙壁的一部分或是从建筑上撕下来的榻榻米地板都可用作盾牌。

图4　这一18世纪的全套盔甲模仿了12至13世纪的样式，表明后世的武士如何将中世的先驱理想化。许多博物馆的盔甲保存良好，因为它们并非用于战场，而只是陈列在武士家中。——大都会艺术博物馆，盔甲：乔治·C. 斯通（George C. Stone）遗赠，1935年；角（锹形立物）：巴什福德·迪恩（Bashford Dean）捐赠，1914年

城堡的情况又如何呢？可能有两点令人失望。首先，按照西方人的想象，城的主楼（天守）周围有护城河与城墙，但这在日本历史上出现较晚，至多追溯到16世纪。有些城可能起源较早，但在战国时代中曾数次重建。在早期，例如源平合战期间，确实存在一些防御工事，但远没有那么宏大或持久。镰仓幕府的御家人可能拥有一个大院，外有城墙，内部至多有几栋建筑。由于许多武士是地头、守护或奉行，因此对大型建筑的需求并不高。源赖朝的御所曾拥有诸多幕府的办公设施，但即便是这一御所，现在也已不复存在了。

16世纪，日本人才真正开始筑城，为的是将敌人防御在外，或即便当敌人突破了外围工事也能抵挡一阵。尽管风格不同于欧洲堡垒，但它们仍有诸多共同点：护城河、坚固的窄门以防止敌人大举涌入，狭小的窗户（狭间）以便武士向入侵者射箭或者倾倒滚烫的开水。日本城堡与欧洲城堡之间的最大差异在于城墙。火器传入日本后，城墙的建造有所改变，但是它们未曾像欧洲的城墙那般被火炮持久地围攻过。地震才是威胁城墙坚固性的真正元凶。因此，日本没有采用砂浆黏接的竖直石墙，日式城墙呈轻微弯曲状，工匠通过石头的切割和垒放使其严丝合缝，并用较小的石块填补空隙，而不需要使用砂浆。

虽然今天日本各地都有许多城堡，但百年以上的只有十几座。天守很少用于军事，主要是为了向其领地彰显权威。整个德川时代（1603—1868），火灾焚毁了各地的天守与瞭望塔、塔哨等其他木质建筑。由于天守十分夺目，起初没有天守的城堡也会后续增设。地方上的政治家意识到，城堡不失为旅游胜地和公民自豪感的象征。今天日本的大部分城堡都是二战后随着经济高速增长而出现的仿造物。一些重建颇为走样，有些则使用了太多的混凝土，使得城堡看上去熠熠生辉却不真实。

最"正宗"的城可能是入选联合国教科文组织世界文化遗产的姬路城。许多城堡或在明治维新（1868）后被拆毁并作废品出售，或毁于自然灾害，或毁于二战期间的美军轰炸，姬路城则均幸免于难。然而，姬路城也被修缮过，有人批评它比20世纪的模样白了太多。尽管如此，姬路城仍被视为典型的日本城堡，许多其他的城堡都一味模仿它而重建，而对历史差异不管不顾。

图5　入选联合国教科文组织世界文化遗产的姬路城是全日本最大和最古老的城堡。初建于14世纪，在16世纪末期战国大名丰臣秀吉接管后曾部分增建和重建。与许多其他日本的城堡一样，姬路城也在二战期间被日军征用。——图片：Pxhere

战斗中的武士

在日本历史的绝大多数时间中，恩赏是获得武士效忠的关键所在。源赖朝的成功取决于他恩赏家臣的能力，北条氏失去支持，是因为无力恩赏那些抵御蒙古袭来的武士，后醍醐天皇在

1333年从最后一个试图与他作战的将军手中收买了武士。那么，武士是如何证明其忠诚的呢？这主要是通过感状、注文与搜集证物——也就是首级。

取人首级源于警务。早期与武士相关的暴力，主要是追讨罪犯并斩下首级，从而证明已执行了处决。首级被收集起来标注好，并在京都各地示众。在更大规模的战争中，斩首是武士们记录成就、获得恩赏的一种方式。首级被清洗干净并挂在板上，以供将领检查。有名望的敌人能带来最高的恩赏，但是中低层武士难以被辨认，常常需要俘虏帮忙识别。普通士兵的头颅往往会被弃之不顾。

在战斗正酣时，斩首敌人并收集头颅的缺点显而易见，武士在斩首他人时也可能被杀身亡。为此，一些将领通过"切舍"命令来解决这一问题，即依靠目击者对斩首的描述，从而省去收集头颅的环节。武士也通过搜寻尚未死去的伤员、斩首非战斗人员、伪造更换名牌、寻找被遗弃的首级等方式弄虚作假，这些都被视作不体面的、令人耻笑的行为。

所谓荣誉，不过是为了维持声誉，但荣誉的观念再强，也敌不过争强好胜之心。对武士而言，行无定规，任何战术皆可接受。这些战术包括纵火（通常导致滥杀无辜）以及乘敌不备的埋伏和夜袭等。相反，诡计——尤其是聪明的诡计，还会得到武士的赞誉，例如16世纪军记《甲阳军鉴》中所记载的下面这段：[1]

　　砥石崩之战中，一名敌人脱离队友、手持长枪。当今井追击他时，这一上杉谦信麾下的武士调转枪头，试图刺向骑在马上的今井。这一敌人步行，因此可以自由移动，而骑在马上的今井则移动受阻。今井声名在外，装作友军向他大声喊叫，成功地将其蒙骗。当敌人低下枪头行礼时，今井的手下一拥而上发动了进攻。尽管不善刀法，也武艺不精，但今井也由此算得上一个武学高手。[4]

---

1 砥石崩之战为1550年（天文十九年）甲斐国的大名武田信玄与北信浓国的大名村上义清在砥石城展开的一场战役，因武田信玄大败而称为"砥石崩之战"。文中的今井为今井伊势守。

图6 这一14世纪的长卷描绘了六波罗合战的场景，源氏进攻平清盛位于六波罗馆的基地。在这场战役和平治之乱（1159）中，源氏都折戟沉沙。图中，两个平氏士兵突然袭击一个源氏武士，力图将其拽住并斩首。——大都会艺术博物馆，玛丽·格里格斯·伯克（Mary Griggs Burke）收藏，玛丽和杰克逊·伯克基金会（Mary and Jackson Burke Foundation），2015年

关于镰仓武士集体演练的细节，我们所知甚少。但我们知道的是，军演是一种培养集体认同感的社会活动。镰仓时代，男人将狩猎视为学习团队协作的机会。武士地头将庄园中的部分地区专门留作狩猎或猎鹰之用，这些活动有助于武士学习如何查看地势。最晚不过11世纪，京都的武士便开始仪式性骑射，这种战术也与镰仓有关，因为源赖朝曾在镰仓的大神社内举行射箭仪式。射犬是另一项活动，既是社交和娱乐性的，也有助于军事演练。专业的驯犬师在封闭区域内不断收放犬只，而武士们则骑在马上以钝箭瞄准射击。

演习与仪式通常在佛教和神道教的场所内进行，因此，战争与宗教相互交织。佛教的寺庙与神道教的神社拥有政治、经济与军事权力。它们拥有领地，可以征税、放贷（利率高达300%），并为各种商人行会提供保护，包括制酒业（清酒）、武器生产等在内的行会。那种穿戴白巾、手持薙刀的"武僧"形象主要来源于艺术史、文学与流行文化。当然，有些僧侣曾经拥有军事经验，的确能重操旧业，为寺庙作战。大型寺庙可以依靠普通支持者，有时是曾经的武士，作为本组织的"肌肉"。他们帮着筹集资金，或者保护寺庙免受强盗、海盗与武士的侵扰。

宗教机构还可用超自然武器对抗敌人，其祈祷吟诵更像是施法，而非祈求好运。神职人员声称，是他们向神佛求来了"神风"，才击败了蒙古的入侵，希望借此寻求恩赏。武士的盔甲与武器上刻着梵文，保佑他们免受伤害。对于参战的武士而言，神秘佛祖的图像或求其保佑远比禅宗的冥想更有用。他们或是读到或是从其他武士和僧侣那里学到咒语，如此唱诵以免受火伤："为逃敌之火攻，面水或面天，七颂'赞美雨水之神'。念咒'归命，避火，水上，祈福'，将水从弓顶倒下。"

武士们还敬拜与战争有关的神佛。其中有像摩利支天这样的佛，它骑在野猪上，六只手各执不同的武器，也有八幡神等其他的战佛。神佛入梦预示着战争取胜。一些武士霸主则将自己的统治神化，或者在死后被其支持者追敬为神佛。

战争的时代

15至16世纪，历史见证了战争与高雅文化颇为耐人寻味的交织。15世纪下半叶，包括足利氏在内，一些最具影响力的武家受困于内部继承纠纷，这些纠纷逐渐变为暴力冲突。京都毁于一场延续十多年的战火，日本的其他国郡也都陷入到了不同以往、未曾经历的新型战争之中。开战的原因不再是追讨朝敌（源平合战）或者讨伐暴君（承久之乱）；武士仅仅是为了保卫、开拓领地而战。

与以往的战争一样，应仁之乱（1467—1477）源于政治上层的内部矛盾。细川氏、畠山氏与斯波氏既是守护大名，也轮流担任室町幕府新成立的"管领"。三代将军足利义满（死于1408年）去世后，后任的几任将军丧失了单独掌控幕府的能力与影响力。也没有一个家族像北条氏那样，通过联姻与幕府紧密相连，并占据统治地位。因此，管领及其家族需要与其他家族合作，共同维护幕府的稳定。当各个家族内部凝聚力强、互动顺畅的时候，这是一种有效的制度，让他们之间彼此竞争，从而避免了一家独大。但当各个家族家势衰落，或者管领各家间关系紧张时，幕府便羸弱不堪。管领各家之间爆发的争端都与何时、何家掌控幕府有关。另外，在镰仓时代一度是临时性的、权力较弱的守护职位，逐渐演变为半自治的藩主。

最后一位强力领导、三代将军足利义满去世后，人们不免开始轻视足利氏。在退位以后，足利义满仍通过自己的儿子、四代将军控制着幕府。公家、武家甚至明朝的中国人都对足利义满敬重有加，但对其儿子不屑一顾。五代将军足利义量英年早逝，六代将军足利义教展现出些许真正的统治能力，但许多重要的守护大名家族认为他过于专横。这一评价并非无中生有：盛怒之下，足利义教曾将表现欠佳的厨师、折断梅树枝的园丁、59位公家甚至部分武士杀害、清洗或者流放。大名赤松满佑在得知足利义教有可能夺其领地并转赠给他人后，便决心将其暗杀。当时，赤松满佑于京都郊外的别墅设宴，宴请足利义教与其他重要武士欣赏能乐——能乐是颇受武士欢迎的一种娱乐活动，马匹突然冲进花园，分散了众人的注意力，刺客随即闯入并将足利义教斩首。当时一位侍从记录下足利义教"丧之如犬"。[5]

足利义教的儿子、七代将军足利义胜幼年早夭，于是将军之位传给了足利义教的另一个儿子——备受诟病的足利义政。尽管足利义政善写短歌，代表了武士参与贵族文化的典范，但却为人优柔寡断，无力掌控幕府，只能眼看其江河日下。足利义政打算退位却又没有子嗣，于是便让弟弟足利义视作为继承人。武士在没有嫡系子孙的情况下，确保继承人的通常做法是将对方纳为养子，足利义政也本可以这样做，但义视对此颇为疑虑，也确实值得疑虑：如果足利义政的妻子突然产子，那如何是好？除此之外，与其他不能成为家主的贵族子嗣一样，足利义视乐于从事无关家族的其他事业，比如佛寺方丈。足利义视在接受足利义政的提议之后，足利义政的妻子生下了一个儿子，这对牵涉其中的所有人来说都是一个不幸的结果。足利义视的支持者与他新生侄子的支持者在京都展开一场混战，使得局势愈发动荡，最终导致"应仁之乱"。

"应仁之乱"标志着新旧战争方式的转换。首先，虽然部分战事发生在乡间，但大部分战斗在京都城中展开。这既不像早期追捕逃犯朝敌的战争，也不像参战方在旷野进行的合战。相较于骑兵，配有长枪的小股防御部队更适合城市作战。战事不时爆发于庭院、花园与街道之间，参战之人不是武士，而是征募而来填补小规模部队的平民（足轻）。战争的目的仅仅是为了打败敌人，在很多情况下无非是出于报复。在过去的战争中，如果一个上层武士没有被斩首，他可能被允许流放归隐。但在"应仁之乱"期间，暴力激增，一些武士甚至将上了漆的故人头盖骨当作杯子。战乱带来了巨大的破坏，曾有记者就家族遗产采访细川氏17代家主细川护贞——内阁总理大臣细川护熙（任期1993年—1994年）的父亲时，他回答道："我们家族曾经有过许多珍贵的宝贝，但在战争期间都被烧毁了。"记者以为"那场战争"是指第二次世界大战，但细川护贞澄清道："哦，我说的是'应仁之乱'。"

自此之后，幕府自身再未完全恢复，而乡间的武士则开始挑战不在当地的主君、周围邻居与竞争者。随着京都被摧毁，大量民众逃离京都，涌向日本各地的城下町[1]，城下町的数量也越来越多。守护大名集中精力于地方事务，继续维系在领内的权力。但那些与强势武家鲜有联系的人，则努力守卫和获取领地。当时的人援引中国历史，将这一时代也称为"战国时代"，后者在中国是指大秦帝国成立前曾经经历的频繁战乱。光靠战争手段是远远不够的，大名需要垄断贸易、鼓励商业、扩大收入，还需要吸引京都贵族出身的文人制法安邦。他们聚集效忠的武士、佣兵与非战人员，不放过任何一个结盟的机会。

难怪一位耶稣会士在给欧洲教友的信中将这些大名称为"国王"。领地既非国家也非王国，但守护大名们在领地行使权力，大可无视幕府，这与"应仁之乱"前大相径庭。

---

1 城下町：日本的一种城市建设形式。是以藩主居住的城堡为核心建立的城市，只有藩主的城堡才有城墙保护，而平民居住的街道没有。——编者注

图7 肖像画中的武士通常会精心打理他们的胡子，很少带有面部表情。这一16世纪的肖像则打破旧俗，描绘了一个不修边幅的柴田氏武士，这显示出在战乱频仍的当时，人们的审美规范也随之被颠覆。——大都会艺术博物馆，购买，2003年收益基金，2004年

"下克上"这一术语被用来描绘当时的现象，原本默默无名的野心之人控制领地，或者仅凭一己之力分割出一块领地。当然，许多战国大名确实有着高贵的血统，但这并不能确保其取得胜利。大内氏曾在南北朝期间的斗争中支持足利氏，一度颇为显赫，却最终走向衰亡。他们在日本南方占据主导，以山口为核心，统治沿海领地。在那里，大内氏通过与邻近的中国、朝鲜半岛开展的贸易积累财富，后来又与16世纪到达日本的欧洲人通商。山口的经济曾经繁盛一时，超过京都，大内氏甚至谋划让天皇长期迁居于此。最终，大内氏被家臣毛利氏推翻，山口衰败再无昔日荣光。

对于织田信长（1534—1582）等大名而言，幕府依然是其取得合法性的潜在来源。织田信长是"三英杰"[1]中首个开拓领地、平定天下之人。织田信长权力崛起的过程显示了战国大名如何利用动荡为己谋利。他的家族织田氏本为斯波氏的家臣，而斯波氏则是足利氏的一个旁支。斯波氏与畠山氏、细川氏轮流担任管领，与他们一样，斯波氏也因导致"应仁之乱"的内部家族纠纷而衰落，无力控制领内武士。织田氏原本代表不在领内的斯波氏

---

1 "三英杰"：织田信长、丰臣秀吉、德川家康。——编者注

统理政务，最终却"下克上"夺取了领地。

织田信长继承了父亲的冠位和土地，但他不得不花费多年的时间才确保其对织田氏的控制。纵观武士历史，血亲恰恰是彼此攻击的目标——织田信长便杀死了自己的弟弟。他还与领地内的豪强展开斡旋，这一战略殊为必要，因为尾张国地处要害、邻近京都、农业发达。织田信长的成功在于同时做到了政治结盟、战略战术得当，并将其击败的敌人转而纳入帐下。最终，织田信长得到了足利义昭将军的支持，二人各有所需。尽管幕府式微，织田信长仍需要幕府给予的合法性，而足利义昭也需要织田信长的军事力量。但织田信长从未接受幕府的职位，接受幕府职位会使织田信长成为幕府的下属，有碍他的雄心大志。与1221年的北条氏之于后鸟羽上皇、14世纪30年代的足利尊氏之于后醍醐天皇一样，织田信长不得不以武力对抗旧体制以求自保。

一开始，织田信长可能未曾想破坏与将军及其政权的关系，但是两人关系还是逐渐走向了恶化。足利义昭向织田信长的对手寻求帮助，其中包括强力大名武田信玄。与织田信长一样，武田信玄也成功地征服了大片领地。织田信长向足利义昭发出文书[1]（殿中

---

[1] 永禄十二年（1569），织田信长为限制足利义昭的幕府将军权力，订立了称为"殿中御掟"的掟书并昭告天下。——编者注

御掟），铺陈对其行为的诸多不满之处。将军最终于1573年向织田信长宣战，尽管织田信长提出议和，足利义昭却逃离京都，一去不复返。织田信长粉碎了足利义昭的包围网，下令斩下了幕府一方三位大名的首级——随后，他将它们漆金示众。

在接下来的数年中，织田信长消灭了他的终极对手——佛教势力，杀死了数以万计的净土真宗信众，其中包括大量平民男女。如此一来，织田信长便彻底消灭了作为一种统治机构的佛教势力。500多年来，大型寺庙一直受到京都贵族与上层武士的庇护赞助，在织田信长发动一系列战争后，寺庙不再拥有军事力量，也不再保有曾经的财富。织田信长战胜将军后，朝廷一直支持他，1582年，朝廷意图授予他幕府将军职。在织田接受之前[1]，家臣明智光秀兵变，将织田信长及其儿子困于本能寺内。织田信长和儿子战败受伤，并在下达烧毁自己尸体的命令后自杀。[2]在"下克上"的时代里，织田信长的事业始于"下克上"，也终于"下克上"。

织田信长征服了日本大约三分之一面积的土地，制定鼓励贸易的政策、集结庞大的军队，但他也有着其他大名的烦恼，那就

---

1 织田信长主动推让了摄政、关白、将军三职，史称"三职推让"。

2 史称"本能寺之变"。

是由哪个继承人来继承其遗产。当其父亲与兄长死去的消息传来时，织田信长的儿子织田信孝距离京都甚远。织田信孝责怪表兄背叛了自己，在显赫武家中，亲人往往也是嫌疑人。他被迫退出权力中央，由织田信长的家臣之一——丰臣秀吉掌控织田信长的力量并为其报仇。

织田信长的故事是战国故事的典型代表：家臣篡位主君。丰臣秀吉则是另一种典型代表：出身低微、名不见经传之人步步高升、出人头地。丰臣秀吉及其早年的传记给人留下一种印象，他曾告诉异国人，一缕阳光照进了他母亲的子宫。换言之，他充分利用了经典英雄故事的两面性，一面是出身卑微，另一面则是天降大任、天赐神圣。总而言之，秀吉在织田信长所取得成就的基础上，确保了与日本各地大名的结盟及其忠顺和臣服。之所以能做到这一点，是因为秀吉掌控了近20万人的部队，这是当时世界上最庞大的军队之一，超过了同时期欧洲的任何军队。他个人拥有日本12%的土地，其中就包括京都等大都市，还有与中国、朝鲜半岛、欧洲从事高利润贸易的各个主要港口。

我们不应将丰臣秀吉的成功仅仅归结为能力使然，其实，大名们也有意默许他的政策，以便钳制本领地内的威胁。毕竟，在秀吉一统天下前的仅仅几十年，作为家臣的毛利氏刚刚推翻了主君大内氏。16世纪末17世纪初的几十年，正是要防止此类动荡再度上演、防止许多大名从中谋利的时期。例如，为了避免武士拥有独立于大名权威的力量，秀吉命令其脱离庄园，无法形成地方性的权力基础。秀吉还试图解除农民的武装（刀狩），因为他知道，当地人是他征服日本的重大威胁。他们时不时纠集农民、商人、佣兵、武僧与"非武士"，组建人人平等的联盟，自行武装、集体作战。[1] "武士"仍是一个模糊的概念。一般来说，武士与非武士并无明显区别，各种身份的人组成联盟，保护其成员免受大名及其军队的攻击。对联盟内任一成员的攻击都会引发所有成员的反应，这类似于前近代日本版的北约。只要地缘接近甚至信奉同一教宗，便有足够的理由集体防御、彼此保护。

1590年，在巩固对日本的统治之后，丰臣秀吉将视野从日本扩展到了中国，开始了前近代世界史上最大规模的战争——万历朝鲜战争（1592—1598）。统一日本后不久，秀吉便向欧洲各国在亚洲的代表派遣使者：如西班牙在菲律宾的总督、葡萄牙在果阿（如今是印度的一个邦）的总督。这些总督的回复中混杂着困惑和些许的承认，毕竟他们从未听闻此人，但秀吉认为他们的回复已经认可了

---

[1] 日语称为"一揆"，意指民变，其人员组成、斗争方式、暴力程度各异，但均强调"团结一致"。

自己的伟业，也由此自信满满。他要求朝鲜国王允许他的军队横跨朝鲜半岛、假道伐明。朝鲜王朝拒绝了秀吉。1592年，他命令各地大名——主要是南方大名，率领武士进攻朝鲜。

关于丰臣秀吉征伐朝鲜的原因有很多猜测。有人认为，秀吉只不过想让大名与其武士疲于征伐，从而无力叛乱。虽然这并非定论，但也不无道理，因为秀吉确实热衷于调动大名，让他们疲于奔命、顾此失彼。也有人认为，秀吉想要削弱那些信奉基督教的大名。自从16世纪下半叶天主教传教士登陆日本以来，已经有近25万日本人皈依基督教。大多数皈依的教徒集中在西南部的九州岛，因为传教士沿着南亚、东南亚海路北上，最初正是在那里登陆（因此他们在日本被称作"南蛮"）。许多被派往朝鲜的大名都是皈依大名。

"万历朝鲜战争"起初对日本有利。近15.8万人从朝鲜半岛的南方入侵，这一人数至少是任何一支欧洲军队的两倍，几周内便攻陷了北方都城。对李氏朝鲜而言，这是一场超级风暴：朝鲜半岛已然相对和平了几个世纪，如今，军事组织欠佳的他们面对的却是久经沙场的日本人。朝鲜国王向宗主国明朝皇帝[1]求助，明

---

1 即万历皇帝，"万历朝鲜战争"在日本称为"文禄庆长之役"。——编者注

朝皇帝起初并未感受到日本的威胁——直到他所派遣的第一支部队被歼灭殆尽。最终，他派遣了一支大约10万人的大军。在中国的支持下，朝鲜的海将李舜臣成功切断了在朝鲜的日军与日本本土之间的联系，迫使日本人撤退。数年间，丰臣秀吉与明朝展开和谈，在此期间，一些士兵放下了武器融入朝鲜社会，还有一些投降明军。最终，秀吉下令完全撤军，旋即病逝，大名对此命令求之不得。

战争无疑使朝鲜生灵涂炭，历经数世纪方才恢复元气。"万历朝鲜战争"成为当代日韩关系紧张的第一个历史原因。人们也曾尝试缓和这一紧张关系，但未获成功。例如，京都有一个国家历史遗址名为"耳冢"，其名略有歧义。日本人将两万多朝鲜人的鼻子与耳朵而非首级割下，带回日本求赏，这些耳鼻被埋在此处。20世纪90年代，韩国人与京都市官员发起运动，希望拆除耳冢，将其葬品送回韩国安葬。但日本中央政府拒绝了这一要求，因为该址被指定为国家文化遗产。

图8　在入侵朝鲜期间，日本武士将敌军和平民的耳朵和鼻子收为战利品。图中的耳冢之前被称为鼻冢，象征着日本在前近代和近代对朝鲜半岛的两次入侵，用于纪念伤残之人的灵魂。——KENPEI，原图，CC BY-SA 3.0

直至今日，中国学者始终在淡化这场战争对明朝的影响，毕竟日本武士终究未能染指中国。但明朝皇帝为这场在中国广为人知的"朝鲜之役"投入了太多资源，耗尽了国库。这导致中国统治者更加难以平息内部叛乱并与北方敌人为战。日本大名们掠回众多朝鲜奴隶，尤其是工匠与知识分子，其中便有被迫在日本建立朝鲜式陶器工坊的工匠。实际上，丰臣秀吉的这场入侵也被称作"陶器战争"。大名们为何需要知识分子与陶瓷工匠？战争与文化之间又有何联系？

武士的"价值观"

从一开始，上层武士就有赖于与京都建立联系，而这需要一定的文化素养。镰仓时代的幕府将军中，有相当一部分来自京都公家而非武家。镰仓、京都的武家政权，以及小的地方政府中，都吸纳了中层公家的人才。因此，有文化的上层武士很自然地参与并资助各种形式的文艺活动，从艺术品收藏、诗歌创作，到赞助佛寺及其塑像和宗教艺术品等。镰仓甚至仿照京都，拥有自己的禅宗体系。[1]

对于想要在朝廷中加官晋爵的武士来说，在与上层贵族和神职人员的交往中，写作是至关重要的一种能力。但我们不应用现代诗歌的视角看待当时的和歌，不应仅仅将其视作一种休闲活

---

1 或指幕府在镰仓和京都分别指定五大官寺，赋予寺格。

动、一种除了观察社会外便无任何功用的消遣行为。在前近代的日本，诗歌被用于针砭时弊，更重要的是，反映出一个人对中国和日本古典文学的知识水平。写得一手在形式与内容上都出彩的好文章，是京都贵族们攀登事业阶梯的重要手段，因此书法对贵族来说至关重要。慈圆和尚与源赖朝酬和诗歌，从而建立了互利关系：慈圆和尚需要从源赖朝那里确保寺院的领地，而源赖朝则希望从慈圆那里获取信息。作为一种社交活动，人们也共同创作诗歌，并互相酬和；如果一名上层武士不善此道，不免被众人耻笑。

室町时代，武士们开始常住京都，由此深谙朝廷礼仪。他们不断将公家文化融入自己的武家家庭中，在制定家法时使用中国典籍，从而形成一套效法却又独立于公家传统的武家礼仪。换言之，新生的武家文化与身份认同实则源于公家文化。

15世纪初，守护今川了俊给儿子写了一封信，这一文本告诉我们何为真正的武士。信中强调，军事以外的学习同样很重要，家族高于个人，以及应如何管理家族和家产。这一文本并不是凭空出现在历史长河中，早期上层武士的典籍中便已出现过其中的一些主题。佛教主张尊重生命，儒家强调与人交往当行正道，这些都影响了东亚各国的早期著作，今川了俊的这封信也不例外。

今川了俊的"家法"包括如下几条训诫：

　　　　不知文武之道终不得胜利

　　　　好渔猎逍遥而乐无益杀生

　　　　坏祖先山庄寺塔以修私宅

　　　　忘君父重恩而乱忠孝之道

　　　　远贤臣而亲佞人以致事端

　　　　耽湎于酒宴博戏而忘家职

　　　　武士之道当精武艺兵法，然治事之能为颖脱之第一

精义

　　　　四书五经兵书皆示，不学者徒能卫国而不能治[6]

　　这些训诫未必适用于下层武士，但适用于今川了俊这样的精英武士。只有武士社会中的上层才有机会接受教育，阅读中国经典。（实际上，熟识中国哲学有助于研究武士历史的现代人了解武士的典范。）15至16世纪，不少大名藩主在家族之中便使用今川了俊的这一书信，并以之订立了类似的家法。今川了俊之信的影响力在德川时代（1603—1868）达到顶峰，那是一段和平的年代，武士教育重点在于政事管理与教养学习，而非武艺。

　　武士思想还表现在15世纪战国时代今川的家臣北条早云所撰写的教谕中。[1]北条早云与镰仓时代（1192—1333）的北条氏并无直接关系，但他刻意采用该姓氏，以便继承其强大的遗产——可见，武士往往将过去理想化。在其领地管辖的所有武士中，他的家法广为传播，其中包括如下几条：

　　朝当早起。若迟迟不醒，家臣便疏忽懈怠、无所用处。公务和私务均混乱不堪，主君亦将余弃之不用。当引以为戒。

　　刀与服饰不必与他人比较，不至衣冠不整足矣。举借原无之物，抑或醉心于此，徒增笑耳。

　　问道良友，善书乐习之人谓之良友。摒除恶友，恶友嬉戏围棋、将棋，吹奏笛于、尺八。不善此类余暇，勿以为耻。此乃消磨时间之术。人之好坏取决于友，（之后引用《论语》）"三人行，必有我师焉，择其善者而从之，其不善者而改之"。

　　弓马之外，当习文武之道，此自不待言。自古以

---

1 史称"早云寺殿廿一个条"。

来，文左武右，文武兼备。[7]

关于如何服侍主君，北条早云也颇有见地：遵从上级，恪守命令、不得延误，忠心不贰。与今川了俊之信一样，北条早云也强调文武并重。

京都文化中的武士

室町时代，武士开始进入京都艺术领域，包括艺术品收藏、鉴赏与表演等，尽管这一领域并非由武士所创建。随着足利氏进入京都，政治与艺术的交织愈发紧密。通过艺术，武士得以与贵族与富民接触，从而带来政治社会利益，即使像织田信长这样的门外汉也难以拒绝这些利益。

今天我们所认为的那些日本"传统"文化，诸如能乐、茶道等，大多发展于战争时期，受益于武士的资助。这些活动成为新的知识领域，通过与公家、武家资助者的互动，艺人创造出新的人际网络。剧场在日本很早便已出现，但我们对其细节所知甚少，直至14至15世纪发展出专门的艺术领域，以"能乐"为名被编撰和记录下来。换言之，在此之前，如何定义戏剧的标准、训练与美学并无成文，直到被视为能乐缔造者的世阿弥出现。世阿弥得到了室町幕府三代将军足利义满的资助，由此他与知识分子交游，并利用他们的教育与词汇，将能乐从一项娱乐发展为高级艺能。能乐的观众中很多为新观众，许多表演取自经典《平家物语》中的武家英雄故事。

艺术也具有实用性，武士通过文化活动，得以进入到非武士群体的社交网络中。例如，在京都与贵族交往一段时间后，织田信长开始练习蹴鞠（常被视作足球，但其实更类似踢沙包）。公家甚至幕府都雇用蹴鞠师，帮助他们改进技艺，其他上层武士也希望参与其中。艺术品收藏也同样拉近了武士与富人的距离，并通过互相赠礼或恩赏家臣，使武士之间结成联盟。

茶道是公家典型的消遣方式之一，它进入武士的圈子，并成为其标志。茶道结合了两项活动：茶具收集鉴赏与实际的饮茶仪式。茶会初为社交活动，人们借此展示稀有藏品，在当时它或许是诸如歌会甚至游戏等其他耗时活动的其中一环。但茶道逐渐演变为一种私密的活动，几位男子不论社会阶层，聚集在质朴的小房间里，大家的注意力集中在主人身上，由其为客人备茶。织田信长也通常被视为涉足茶道的第一位显赫武士，他资助了两位茶道大师，其中便包括千利休。千利休是第一位留下大量茶道美学著作的茶人，人们至今仍然遵循着他留下的教义。

与其他武士一样，丰臣秀吉得到了织田信长的文化熏陶。秀吉继续雇用千利休，几乎将他作为自己的亲信。千利休帮助秀吉举办茶会、展示茶具、学习由其界定或修订的茶道美学。秀吉甚至举办了一场大型露天茶会，任何身份的人均可参加。但是，不断变化的茶道世界与武士强化秩序的愿望之间不免发生冲突，一次未能参与茶会之人，就无法参与之后的定期茶会。可以想见，一方是试图染指中国的霸主，另一方则是被视为文化偶像的茶道大师，两者之间必然陷入一种紧张的关系。

为了彰显自己，千利休在一所重要的禅寺门口为自己立像。[1]这不免使丰臣秀吉受辱，他需要从像的脚下经过。1591年，秀吉命令千利休自杀。留下辞世诗后，千利休用短刀切腹，并有幸由一位武士担任介错人[2]。无论秀吉为何处决了千利休，这都意味着千利休在政治、战争以外的领域挑战冒犯了秀吉——人们对秀吉唯命是从，但也记住了千利休所留下的教谕。

1　此像位于大德寺三门楼门。

2　介错人："介错"是指在切腹仪式中为切腹者斩首，使切腹者更快死去，从而避免切腹自杀行为过于痛苦。执行介错过程的人即"介错人"。——编者注

和平时期的武士

在有关德川时代（1603—1868）——亦称江户时代或者"近世日本"的学术研究中，武士格外重要。在这个时代，町人[1]的写作和知识创造都超过以往，平民的城市流行文化（町人文化）超越以京都为中心的高雅文化，尽管如此，武士仍是这一时期宏观历史分析的核心所在。在专门史，特别是政治史与外交史中，武士占据核心的分析地位，这不无道理，因为武家统治在德川时代达到了巅峰。织田信长摧毁了教宗的政治、经济与军事力量，尽管宗教在广义上有助于促进政治活动并使其合法化。接近幕末之时，京都的公家与天皇失去了曾经拥有的权力。他们依赖于德川幕府的进献，并向位于江户（今东京）的德川幕府派遣使者。在德川时代，甚至没有一个天皇试图挑战武家政权。

1 町人：日本江户（德川）时代的一种社会阶层，主要指居住在城镇的匠人和商人。——编者注

　　经济史、制度史、知识史、宗教史与文化史都谈及武士在近世社会中的促进或限制作用。甚至可以说，武士的真正时代始于德川时代。一些历史学者将德川时代描述为一个黑暗的时代，僵化的身份制度束缚了平民的手脚，阻碍他们参与上层的决策过程，迫使他们在底层进行体力劳动。其他一些历史学家则认为，德川时代是一个光明的时代，与同时期欧洲各国相比，日本人的健康与生活水平普遍较高。同样，大众文化、文学、艺术与戏剧也被视为反抗武士统治压力的领域，或是逃避这一压力的载体。在东亚比较史研究中，日本被认为一方面类似于中国与朝鲜，因为它们几乎同时官僚化，另一方面又完全不同于这两个邻国，因为日本由武士统治。

　　德川家康代表着最后一代戎马一生的战国大名，17世纪初以后，这些大名只是作为"藩主"而存在。德川家康出身于松平氏，松平氏将年幼的他送到今川氏作为人质，以换取今川氏援助对抗织田氏；人质与联姻是大名确保联盟的两种方法。但他在途中遭到绑架，被送往织田氏，并与他们共同生活了数年之久。后来，他被用来交换织田信秀的一个儿子（织田信广），回到了今川氏。他的童年看似悲惨，但其实几乎没有受到虐待，他接受今川氏的教育，代表今川氏领导部队，甚至还迎娶了今川氏的女性。

　　德川家康与今川氏一起生活，直到后者被织田氏打败之后，家康才回归故土并控制了松平氏。德川家康成为织田信长的盟友，并最终成为他的属下。信长有充分的理由信任他。家康曾被迫做出抉择，是背弃与信长的同盟，还是听从信长的命令杀死自己的妻儿（他们被怀疑暗中通敌），他选择了后者。战国期间，忠心终究敌不过野心。

　　丰臣秀吉接管了信长的军队，家康与他联手，直到秀吉死去。家康之前曾答应秀吉辅佐他的儿子丰臣秀赖进行统治，但最终却选择了与支持秀赖的大名开战，并在1600年决定性的关原合战中获胜。家康于1603年从天皇手中获取幕府将军之位，接着对藏匿在大阪¹城中的秀赖反戈一击。1614年至1615年，家康在大阪之役中击败了秀赖及其盟军，秀赖死于此役。日本平户英国商馆馆长理查德·考克斯（Richard Cocks）在日记中记录道："据说，双方为占此城丧百万之师，秀赖一方首级俱无、皆被砍下，秀赖本人的尸体也不知所终；很多人认为他已暗中逃走，但我认为这并不可信（1615年6月19日）。"[1]他的怀疑不无道理，秀赖被

---

1 大阪：大阪原名大坂。明治时代日本政府正式将大坂改名为大阪。为统一表述将该地名一律译为大阪。——编者注

德川幕府一方捕获，与其8岁的儿子一道被斩首身亡。[1]正如12世纪末源赖朝对抗平清盛那般，家康摧毁了丰国神社，从而杜绝了后续叛乱的隐患。大阪之役后不久，1616年，家康寿终正寝，享年73岁。

德川家康开创了日本最后一个武家政权。直至19世纪以前，他的继任者继续作为将军统治，很少受到朝廷与诸藩的挑战。为了规范诸藩的义务与武士的行为，1615年，幕府颁行了《武家诸法度》。《武家诸法度》的部分条款重申过去武家家法的主题，例如修炼文武弓马之道、衣装等级不可乱、宴会从简等。对于平民来说，幕府为了界定各种罪行而出台法令，但经常朝令夕改，有时甚至自相矛盾。幕府对对外政策拥有最终的决定权，但由诸藩自行开展国际交往。江户是日本政治权威的中心，但日本却并非一个中央集权的国家，没有国家层面的军队与税制。藩主在各藩内保持相对独立的货币、法令与审判。

最后一个武家政权的诸多特征都源于16世纪。德川时代与之前各个时代的主要差异在于，在17世纪这些特征在多大程度上被进一步严格定义。战国时代，任何人只要势力足够强大，便可成

---

1 丰臣秀赖在大阪城中自杀，其子国松逃出大阪城，于伏见被捕，后于京都六条河原被斩首。

为大名，但17世纪以后，个人必须经过官方认可才能成为大名。正是得益于德川时代，武士有别于日本社会其他身份的群体，成为一个相对严格界定的群体形象。在早期，"武士"是一个模糊概念；有人出身武家或作为军臣，也有人可能临时成为武士，在非战时期转从他职。德川时代，只有藩主（大名）或者幕府才有权确认武士身份。

丰臣秀吉开启了平定日本的进程，这一进程由德川幕府早期的几任将军继承，并于17世纪下半叶基本完成。秀吉颁布的"刀狩令"禁止农民拥有任何武器，命令他们将武器交给当地的武士政权，将其熔化铸佛。但在任何前近代社会，统治者的法令都难以得到统一彻底的执行。一些豪农，例如村官（村方三役）或者武士出身的平民，依然秘密持有武器。农民用毛瑟枪狩猎，但这些火器被锁在村官处，需要得到当地政府的书面许可方能发放使用。

丰臣秀吉开展的影响最为深远的行动是全国范围的土地调查（太阁检地），用以根据农业产出确定税收，这进一步发展成一种原始的人口登记。村庄、村庄内的住民以及住民家中的人口数量都得到登记，这些住民及包括用人在内的家中人口被登记为平民而非武士，从而将武士与平民在空间上和经济上都隔绝开来。

但是，只有在德川幕府的统治下，武士与平民在政治、文化层面才显得截然不同。一般来说，武士不再生活于乡间，除非在极少数地区，农业生产是一些武士所肩负的军役的一部分。相反，幕府强迫武士迁入作为各藩首府的城下町，导致大规模城镇化。江户成为近世世界上最大的城市。德川时代，随着人口增长，商业行为从乡间流入各地的城市。村民们不想看到武士前往他们的村庄，但是武士官员还是定期侵扰农村，前去估算当地的产出。

幕府还掌握了第三种空间——日本与欧洲各国的交界之处。传教士主要活动于日本南方，包括一些武士在内，那里约有25万人皈依天主教。尽管这种信教行为可能确实出于信仰，但实际上，哪里有传教士，哪里就有商人。16世纪，商业活动增加了南方大名的财富，帮助其囤积了欧洲的武器弹药。武士三英杰中，织田信长名义上允许天主教在日本传教，这或许是为了对抗和削弱他的对手——佛教势力。但是丰臣秀吉与德川家康则对外国人充满了怀疑，怀疑他们的宗教信仰狂热又排外，也怀疑接纳他们的南方大名有可能带来麻烦。

德川家康在1612年的禁教主要针对上层。尽管这一法令将信仰基督教整体上判为违法，但实施的对象主要是信教的大名与武士。1637年，情况发生了变化，西南地区的岛原叛军在旗帜上使用了天主图案——十字架与耶稣受难像。于是，幕府命令日本各地民众进入当地的寺庙证明自己并非基督徒，并强迫基督信徒公开放弃信仰。将军还禁止外国人来访，除了日本的几个邻国以及荷兰——荷兰的情况有些特殊，他们承诺不将有关天主教的物品或文本带入日本。海外日本人不得返回日本，也不允许日本人离开日本，幕府下令停止建造远洋船只，所有的外国船只都必须在远离江户、远在南边的长崎登陆。幕府不但禁教还试图控制任何的对外接触，从南方大名手中夺走他们一手发展起来的、与欧洲的盈利关系。

藩主（大名）

早期的几任德川幕府将军所面临的首要问题在于如何防止战国大名的挑战。幕府将许多战国大名调离其权力根基，安置在陌生的领地（转封）。德川时代的前50年中，至少有281位大名被转封，200余位大名被完全剥夺土地和头衔（除封），约170位武士被提升为大名。幕府还授予约200位藩主更多的土地。[2]幕府处死极具威胁的敌人，收回他们的领地，并重新分配给德川的盟友。

纵观整个德川时代，德川氏作为最强大的藩主保持着微妙的统治地位。他们掌控了6万名武士与日本将近四分之一的土地，其中包括江户、京都、大阪等主要城市周边的地区，以及唯一的通商口岸长崎。这些领地为幕府提供了维持日常运转的资源，包括武士的俸禄、给京都朝廷与天皇的进献。这些领地同时还支撑着幕府的国家职能。19世纪，当一些极端武士刺杀欧洲人后，幕府不得不向后者的家庭支付赔偿。幕府拥有一批忠于自身的武士，他们绝大多数在幕府任职。德川幕府不能向其他藩主伸手索取人力与资源。整个德川时代有250至300个藩，这些藩的武士忠于藩主。尽管幕府可以命令大名为诸如建设水坝桥梁等基础设施项目（手传普请）提供武士劳动力，但却不能绕过藩主。而藩主则有义务履行幕府的这些命令，如果幕府需要更多的武士来镇压叛乱、抵御外敌，它会号召最忠诚的大名动员他们各自的武士。19世纪，幕府的这一特权经受了诸多考验。有时，与德川氏关系紧密的大名会响应号召，动员起来镇压叛军，但在幕府最需要帮助的时候，也有一些藩主因担心对己不利的后果而加以拒绝。

大名在幕府中身居重要的顾问之职，因此，作为一个团体，他们的命运也与幕府的命运息息相关。但在另一方面，作为藩主，他们在各地独立的藩内又具有一定的自主权。理论上而言，一个藩主只能拥有一座城堡，即便是城堡的修缮也需要幕府批准，以防所谓的"修缮"变成扩建，即使与德川氏关系最紧密的盟友也不例外。一位曾在关原合战中与德川家康并肩作战的谱代大名，就因扩建城堡而遭受惩罚：幕府没收了他90%的领地，并判处他在家中禁闭。

除了一些例外，幕府主要依靠大名酌情解释并执行规则，由他们协调与日本各个邻国的关系。因此，西与朝鲜、南与琉球、北与虾夷的关系，皆由与这些国家距离最近的大名处理。位于日本与朝鲜之间的对马藩藩主担负起两国之间外交官的职责，并垄断了日朝贸易。幕府授予日本最北端的松前氏大名之职，因为他们扮演起了德川幕府与虾夷土著的中间人角色。

但是，藩主没有跨越领地的管辖权。当一个藩的武士在另一个藩犯罪时，只有德川幕府可以下令追捕。幕府也有意禁止一个藩向邻藩派遣部队，因为如果想建立一支推翻幕府的地区性军队，这便是第一步。但该法令也不无缺点。岛原之乱（1637—1638）期间，幕府亟须援助以平息南方的叛乱，然而由于担心触犯幕府的法令，周遭各藩拒绝施以援手。因此后来，当某藩需要援助时，幕府允许其他藩的部队越过藩界，镇压叛乱或者进行海防。

旧时，联姻是建立战略联盟的手段，为了防止叛乱，幕府希望禁绝这一行为。《武家诸法度》第8条解释道，"婚姻为阴阳和谐之象征，不可等闲视之。《易经》言，'媒妁之约不应惹是生非。当使互慕男女终成眷属……假借婚姻之名而行宗派联盟之实，乃叛国之道'"。[1]因此，所有大名间的通婚都需要德川幕府允许。

德川时代早期，幕府厉行各种法度。为了维护领地的稳定，武家应实行嫡长子继承制，换言之，藩主的嫡长子，无论能力如何，都将成为下一任藩主。如果藩主死前未指定继承人，或者幕府不认可该继承人，这一家族的传承可能断绝，领地将会被没收。这类藩的武士便变成了浪人[2]，他们不得不为生计四处奔忙，最后往往落脚江户。由于部分藩主的不满以及浪人在江户引发越来越多的问题，从17世纪下半叶开始，曾经严格的规定逐渐放宽。因此，虽然嫡长子继承仍是常规，但为了选择合适的继承者，藩主可能延迟宣布某个儿子的出生、谎报儿子的出生顺序，家

---

1 原文摘引恐有误，此处为直译。作者有可能错引了卢焜熙书中的释文，参见David J. Lu, ed., *Japan: A Documentary History:* v. 1: The Dawn of History to the Late Eighteenth Century, Lodon and New York: Routledge, 2005。

2 浪人：即"无主武士"，一般指幕府时期脱离藩籍、到处流浪居无定所的武士。——编者注

老甚至可能延迟宣布大名的死讯，直到选出一个合适的继承人。

根据"参勤交代"政策，幕府要求各个藩主隔年往返藩与江户之间。这一做法起初为军事需要，而非强制要求。因为最晚从11世纪开始，武士便在远离故土的京都、镰仓执行警务或某些军役。在17世纪初，前往江户侍奉将军、谒见德川家康本就是作为其紧密盟友的职责所在。但到了17世纪40年代，这一在江户和本藩之间"参勤交代"的做法变得机制化，所有藩主都必须执行。

"参勤交代"源于德川时代之前人质交换的习俗。大名的妻妾与子嗣长期住在江户，以防大名叛乱。这些妻妾与子嗣在江户城中相对自由，但除了赴江户腹地参拜宗教场所之外，所有的妻妾禁止离城。实际上，在连接江户与日本各地的五条大路（"五街道"）沿线，关所役人严密监视着武家女性。武家女性离开江户可能意味着一场叛乱的开始，因为藩主会事先将他们的妇眷送至安全的地方。出于同样的原因，关所役人还检查前往江户的旅人是否携带火枪。各藩的继承人可以归藩，但不可与父亲同时在藩——这也是为了防止叛乱。藩主希望他们十几岁的继承者踏足有朝一日他们终将统治的那些领地。但什么能够吸引他们去狭小的乡间诸藩生活呢？毕竟他们是在日本的政治、商业与娱乐之都长大的。一位家老甚至严厉责备藩主的继承人，这位继承人一直以生病作为逃避责任的借口多年拒绝检视领地："许多像你这样的大名继承人早已回到领地……这可能会招致谣言，说你病重或者与藩主不和。人们还会怀疑，你是不是因为缺乏执政能力，才推迟了前往土佐的行程。"[3]

除了牢牢控制藩主的近亲，"参勤交代"制度还耗尽了藩主的财力。尽管大名不承担国家性的税赋，但幕府仍有办法攫取藩主的财政支持。大名需要提供资金、人力与材料，用以修缮德川家族位于江户的豪城，或是包括京都在内的位于其他城市的德川氏城堡。藩主们也不得不在江户建设藩邸，为亲人提供豪宅，为全职的仆人警卫提供住所，为留在江户的武士提供营舍，还得包括厩舍、校场甚至庭院。当藩主每两年往返江户时，除了众多侍从，他们还带着大队武士，其数量随领地大小而变，大者数千，小者数百。江户藩邸与"参勤交代"制度占据了藩政年度支出的50%至70%。

幕府协调诸藩"参勤交代"的时间，因此，邻藩不同时在江户，这或许是为了防止藩主在江户互相勾结，或许是为了保证遭遇内乱外敌时，某一地区总有藩主在当地。对于距离最远的藩主而言，"参勤交代"的旅途可能长达数月之久，本族应支付食宿费用，而下榻大路沿线那些得到官方认定的旅店所费不赀，天气也未必尽如人意。隔年往返江户是一个漫长、繁重又昂贵的过程。当19世纪幕府衰败之时，"参勤交代"被废止，大名们对此求之不得。

尽管如此，再严格的法律也可能遭到规避或曲解，因为将军的所有要臣自身也是大名，所以对于大名的负担颇为感同身受。忙于改革藩内财政或者处理内部棘手政务的藩主可以通过"称病"，请求暂停"参勤交代"，这是武士官员极力抗议或逃避责任的常用手段。而被要求参与大型基础设施项目（如建设水坝）的藩主也暂不需要"参勤交代"。德川早期，幕府希望大名参与修缮江户城堡，但结果却令人吃惊。江户城堡非但没有得到修缮，幕府反而有时借钱给大名修缮他们自己的居城。17世纪，幕府对大名严格管控，但这些管控最终流于形式、收效甚微。只要藩主在表面上遵从幕府法律而不违犯，大名的诸多义务就有办法迂回解决。

从地理上来说，最具威胁的大名都在远离江户的地方。在100个左右所谓"外样"大名中，有近10家拥有日本面积最大的土地，仅次于德川家族。诸多藩主被归入外样大名，因为他们在关原合战前并不是德川家康的家臣。另一些大名则接受外样大名的称号且被远封南方，以钳制那些具有潜在威胁的大名。在政治上，外样大名无权进入幕府的决策过程。但在经济上，外样大名，尤其是西南藩主，对于周边地区影响甚大。有些大名是如此强大，例如萨摩岛津氏，即使17世纪初，德川家康也无法像对待其他弱小大名那般将其改封。尽管德川氏占据优势，但为了巩固幕府权威，仍不得不与岛津氏等大名做权力妥协。这些最古老、最强大的武家曾经是德川氏的同侪而非家臣，他们的势力并不依赖于德川氏。尽管德川时代是一段相对和平的年代，但也不无暗潮涌动。每年在萨摩藩，武士们都会全身披挂盔甲，反省先祖在关原合战中的失败。在长州藩，武士的母亲让孩子入睡时脚朝江户，以示对德川氏的侮辱。[4]对于德川时代的武士来说，无论是支持还是反对德川氏，都是他们身份的重要组成部分。

谱代大名指的是在1600年以前便追随德川家康的大名。谱代大名几乎占据了大名总数的一半，其数量最初勉强超过100个，在19世纪中叶达到峰值，接近130个。一些地位最高的谱代大名起初是德川家康的家臣，他们在16世纪还不是大名。随着德川氏与幕府的扩张，谱代大名的数量也不断增加。尽管他们的领地均小于外样大名，却占据了幕府的所有要职。理论上而言，他们要在幕府有求之时承担义务，因此，他们的命运与幕府的命运连在一起。但他们也是潜在的竞争者。家康曾经以一些微不足道的借口，便没收了几家强力谱代大名的领地，甚至将某些大名的家族彻底清除。然而，到了德川时代，"谱代"不过是象征性的称号而已。它给予大名在幕府中占据要职的特权，但并不保证特殊待遇。19世纪60年代中期，当幕府讨伐敌人时，这些大名中的许多人都拒绝支援幕府。

有一小部分"亲藩"大名与德川氏有血缘关系，这部分大名从未超过20个。将军最值得信赖的决策者往往来自这些家族，他们也理应对德川氏和幕府最为忠诚。他们有的领地在江户周围，有的甚至没有领地。水户德川氏被免于"参勤交代"，定府江户。在这些亲藩大名中，所谓的"德川御三家"使用德川的姓氏，在将军后继无人时为其提供继承者。

武士的生老病死

除了个别例外，出身是进入武士社会群体的唯一通道。武家女孩儿学习如何在未来照顾夫君及其家庭，与此同时，男孩儿则学习如何效忠本藩、侍奉藩主、照顾家庭。即使家境中等，武家子嗣成长的家庭中也一定有平民仆从。纵使无力支付费用，他们也要努力保持外在体面。无论是武士还是平民，堕胎或者溺婴都是他们实施计划生育的通常办法。健康问题会加重家庭的经济困难。武士与平民的孩子都易患上天花等同样的病症，导致早夭。而武士尤其是上层武士家的子嗣则面临着一种大多数平民不会面对的危险——铅中毒。武家女性的化妆品中含有铅，可能会在哺乳时传给婴儿。总体来说，平民的饮食更加多样，武士则患有硫胺素缺乏症，即俗称的脚气病，因为他们食用过多精米，很少吃其他谷物与肉。讽刺的是，在田间劳作的平民通常更加健康。

如果一个武家男孩儿幸运地度过了童年，他的人生直至成年为止，将以发式与衣饰的变化为标志，经历数个阶段。按照正式的说法，男孩儿往往在12至16岁时成年。与近世日本其他事物一样，武士的教育并无定式。一般来说，男孩儿七岁左右便在外学习，家塾或私塾的教师是早期教育的主要来源。在这个年龄段形成的友谊很重要，在成年之后的职业生涯中，儿时的同伴便成为同僚。私塾教员和年纪较大的男孩儿可能与年龄较小的男孩儿产生一种爱慕的关系，甚至在其父亲的许可下确立关系。这可能在他们成年以后发展成一种柏拉图式的亲密友谊——尽管有时这一类旧情也会酿成暴力。

在18世纪，大名开始建设藩校，年轻的武士在其中学习包括孔子《论语》在内的中国经典，或者《平家物语》等军记物语——它讲述了源氏与平氏之间的战争故事。除了基本的读写技能，男孩儿们还学习德行以及武士的操守。武士教育并非一律平等；武士阶层内部的不平等在幼时便已开始。在17世纪，上层武家的男孩儿通常比下层武家的男孩儿接受更多的教育，但整体而言，受教育比例与识字率随着时间的推移逐渐上升。

武家青年自然需要学习武艺，或是在道场，或是在藩校，或是两者兼而有之。即便是武艺，不同武士之间也会被差别对待。骑马被视为一门武艺，而只有较为富裕的上层武上才能够学习骑马或者骑射（流镝马）。

而各类武士都可以修习剑术。典型的训练方式是用木刀开展预先设定的攻防练习（型稽古），并重复操练基本技巧。但是藩主与上层武士主导了某些流派，例如柳生新阴流，这是第一个制度化的剑术流派。它以柳生氏命名，柳生氏家主曾向德川将军传授剑道，并因此成为大名。与室町时代（1392—1573）艺人与将军的关系一样，柳生氏的家主通过与德川将军的关系结识了其他知识分子，这种互动影响了剑术如何形成体系并开展教学。在一些藩，武家学徒学习柳生新阴流等高级剑术，还可以获得用于装备和训练的俸禄。作为年度活动的一部分，他们甚至在藩主面前表演剑术。下层武士也修习剑术，但仅限于某些少有人知、创建不久的甚至是当地的流派。这些学徒往往得不到俸禄，也没有机会在藩主面前表演。然而，因为这些流派与武家官场政治没有太紧密的联系，修习者在发展技艺方面反而更具创造力——下层武士开展形式自由的剑术练习，这成为近代剑道运动的先驱。

幕府希望武士做好准备，在发生内乱、遭遇外敌时能够动员起来，但大部分武士对于军事训练兴致寥寥。十几岁成年以后，武士便很少再练习，只是偶尔参加一些强制性训练——德川武士已沦为"佩刀的官僚"。武艺仅是武士联系传统或者彼此互动的纽带，他们已不太关心战斗中的实战应用。在许多藩，备战已然不是现实生活。德川时代后期，藩主不再要求底层武士拥有火器与弓箭。实际上，追讨罪犯所需的武艺还被认为是最低等的武艺。这是为何？因为武士很少从事警备式的体力工作。追捕罪犯、看守犯人、刑讯和处决罪犯，这些都是由部落民和其他处于边缘地位的平民干的活。

成年以后，德川武士的生活围绕家与藩展开。如果说存在着荣誉这样一种概念的话，那么对主君家的行为与忠诚便意味着荣誉。过去武士侍奉强大的大名，这些大名通过战场上的英勇与政治上的敏锐赢取尊敬，但这样的日子已经一去不复返了。德川时代嫡长子继承制的习俗无法保证藩主一定是个有能力、有魅力的人。因此，武士的付出是出于维护本藩声誉的目的，而不是源自对大名的敬爱。他们美化了战国时代祖先的功业，虚构了与源氏等名门大族或藤原氏等京都贵族的关系。按其重要性排名，家门、资历与才干是决定武士职业生涯的三大要素。

　　通常由嫡长子继承父位。随之继承的还包括职务，不管是每年数月看守藩城城门这样的卑微职务，还是担任藩主的侧近。对非嫡长的其他子嗣而言，情况更糟，他们不能保证从本藩得到一份稳定的职务。因为嫡长子继承家业，其他兄弟就只能听其安排。幸运的话，他们可以入赘没有继承人的武家，或者被没有子嗣的武家收养，否则就只能寻求临时工作或者放弃武士身份。一些厌倦了寻求枯燥藩职的武士，尤其是次男或者三男，放弃武士生活，转而成为学者、作家、神官与教师。

　　关于德川武士，较早的研究夸大了武士身份缺乏社会流动性的程度，这种观点仅是出于直觉：德川时代之前的武士可以通过战功得以晋升，而在和平时期，武士难有展现才华的机会。近来的研究试图纠正这种武士阶层固化的既有假说。出身上层家庭的武士可以从简单的职务开启事业。随着年龄的增长和才能的显现，家老们会赋予他更大的职责。下层武士要在这些社会阶层中升迁则更加困难，但即便如此，特别是藩面临财政困难与政治危机时，某些人仍可以凭才干得到升迁。

大部分普通的武士并不忙于官方的职责。在江户期间，"参勤交代"的武士每天工作几个小时，在获得主君许可后，他们可以离开藩邸、参拜江户的神社寺庙，姑且当作观光。商人摆放摊位兜售商品，在街上，艺人与算命的（八卦见）蜂拥而至，吸引游客，这使得某些寺庙的地产变成了永久性的集市。即使在今日，东京的浅草神社仍吸引了大量游客，这与德川时代如出一辙。武士饮酒赌博，如果财力允许，也会去吉原等欢愉场所。除此之外，武士还会与平民或者其他藩的同好一道，讨论文学、诗歌、音乐、武艺与哲学。

许多武士通过零工弥补微薄的世袭俸禄。这些"副业"包括小规模种植、纺织、制陶、买卖和手工生产（例如玩具与雨伞）。但并非所有武士都能如此堂堂正正地利用时间，一些最底层的武士只能依靠赌博、乞讨与借贷度日。胜小吉，一位19世纪的武士，在自传中讲述了自己贫困潦倒的一生，这本自传是为了警示他的儿子、政治家胜海舟而写。胜小吉出身于德川氏麾下一个名不见经传的武士家庭（旗本），是男谷平藏忠恕的三子。男谷平藏忠恕并不是武士，而是一位失明但富有的借贷人的三子，被男谷家收养。胜小吉后来成为胜甚三郎的婿养子与继承人。像许多下层武士一样，胜小吉即便获得了新的武士身份，也无处谋得稳定的职位，只能依靠世袭的微薄俸禄。通过出租小块土地、买卖刀具、乞讨、盗窃以及其他给他带来麻烦的不正当手段，来勉强度日。与许多武士一样，他人生的大部分时间为债务所困。一位研究武士的学者曾这样数落穷困的武士，"他们从当铺骗出行头，答应尽快归还，穿上去执行警务。一旦警务结束归来，便又将行头径直交还给当铺。连其仆从也不免嘲笑他们"。[5]

　　一部写于20世纪30年代的家传也详细描述了水户藩一个武士家庭的类似困境。尽管生活拮据，武士家庭还得维持外在衣着的光鲜。正如一句武士的谚语所言，"武士就算腹中空空，也要嘴叼牙签"。他们不得不根据家世地位，保持一定数量的家仆。理论上，这些家仆会在作战时加入家主的麾下，但因为鲜有战事，这一传统便变得徒有其表。因此，武士仅在礼仪活动中临时雇用一些平民。

平民与武士之间的灰色地带

平民是否也曾梦想过成为武士？豪农经常利用其财富和地位不断攫取武士的特权，例如有权佩刀或在官方文书中使用他们的姓氏。但在大多数情况下，他们要的可不是下层武士单调乏味的苦差事。尽管如此，在17世纪，仍有一些平民祈求获得武士身份。喜庵就是这样一个梦想成为武士的平民。[6]他的祖母是武家之女，他聆听着武士的故事由其抚养长大。作为第四个儿子，他不能指望继承家里的买卖，因为那会传给他的大哥。因此，1655年，在他16岁的时候，为了谋得武士身份，开始研究家族的历史。他请求邻里分享文献、拜访藩内寺庙寻找古碑与旧录。最终他放弃了努力，成为另一个平民之家的继承人，但他仍利用自己的研究成果，与别人合著了一部该地区的史书。

平民获得武士身份实属罕见，但也并非没有可能。上层的平民可以成为下层武家的养子，就像胜小吉的父亲所做的那样。藩主授予平民出身的知名剑师以武士身份，以雇用他们在藩内教授剑术。豪商通过给予藩主大量借款，也能获得武士身份，并为藩政的经济性事务出谋划策。贫困的武士可以通过正式收养成年平民的方式"卖掉"武士的身份。一般来说，这种跨越身份等级的例子都是表面行为，为的是向其他平民炫耀，并不涉及武士的义务或实际的职务。无论如何，一个买得起武士特权的平民，并不会想要从事武士那些无足轻重、无利可图的工作。

一些处于灰色地带的人使武士与平民之间的区分变得愈发复杂。在许多藩，有一群人被冠以"乡士"[1]等称号，他们住在乡间，或真或假地声称自己有武士的血脉，他们能够佩刀且在官方场合使用姓氏。19世纪，在江户以外关东的部分地区，当年轻人聚众惹是生非时，幕府要求乡士组织并训练地方上的民兵。豪农开垦新田、扩大藩政税基，由于这种对藩的贡献，藩主授予他们乡士的身份。江户还有所谓"千人同心"的家族，这些家族源于战国时代的守卫，他们在江户近郊担任下级役人。这些家族间彼此接触联系，经常联姻，持有强烈的集体认同。有些甚至共同操练他们自成一派的剑术流派——天然理心流——以表达对武士先祖的崇敬。幕府有时承认他们是"武士"，毕竟"千人同心"为幕府工作，但有时又剥夺他们的特权，视同平民，这令他们失望不已。

尽管武士和平民之间存在着这样的灰色地带，但武士作者

1　乡士：江户（德川）时代居住在乡村的武士总称。居住在城市城下町的武士称为城下士。与之相对，住在乡村的武士称为乡士。——编者注

仍声称，没有平民可以成为真正的武士。德川时代最广为人知的
军记《甲阳军鉴》写道："即使町人模仿武士，其心仍然只是商
人。在激战中，他们担心失去财物，缺乏武士道精髓，不堪大
用。"在这里，"武士道"一词并非指制度化的武士行为"规
范"，因为这种"规范"并不存在。它仅仅反映出武士与平民的
基本区别：武士的身份靠世袭而来，需要履行相应的义务——即
使该职务与平民的职业有所重叠。除了纳贡与承担劳役，平民与
武家政权并无这般紧密的联系。在260余年的时间里，武家政权
将非武士排除在决策过程之外，与此同时，还限制平民在日常生
活中的所作所为，尽管这种限制往往并不成功。难怪大多数人，
甚至是一些武士，乐于看到武家政权的崩溃。

如何成为一名武士？

武士与非武士之间隔着一堵看不见的墙，因此，我们不得不想一想他们的内在区别：武士可以佩带两把刀并使用姓，但平民不能；武士居住在城下町，而农民居住在偏远的乡村。平民与武士的关系常常是对立的：平民必须向武家政权缴税，而从理论上讲，如果遭到平民侮辱，武士就能够将其斩杀，这被称为"斩杀无礼"（无礼讨），这种事也确实偶有发生。有记录表明，在一个领地中，大约每四年发生一次"斩杀无礼"。但是，除了考虑武士与平民之间的差异和对抗之外，我们更应该考虑他们的相似性。如果说武士时代始于德川时代，那么现代理想化的日本武士形象也始于此。

　　在将武士确立为一个独特的社会群体时，幕府将军无意间也创造了理想化的武士形象，这一形象进而成为平民的消费对象。武士的人数可能不超过全国人口的8%，但在德川时代，被创造出来的武士身份开始渗透进平民文化。平民效仿、颂扬武士，也对其嬉笑怒骂。剑术成为一种有助于武士建立彼此间纽带的社交活动，富裕的平民百姓对此也跃跃欲试。甚至有些教导武士如何在与下级的亲密关系中表现得体的手册也在富有的商人中流行起来。歌舞伎剧场作为城市文化的样板，常与花柳街、平民和莺歌燕舞为伴，即便是歌舞伎剧院，也开始在大名的属地内以武士为主要观众。

人们通常用国内政治动荡、经济困境和外来压力来解释最后一个武士政权的瓦解。但武士政权之所以衰落，至少部分原因在于，武士和平民都认识到，理想中的武士与现实中的武士之间存在着无法跨越的鸿沟，而这一鸿沟在整个德川时代持续扩大、有增无减。

即便是武士生活中最稀松平常的特征，也使平民深深为之着迷。在德川时代的日本，《武士名录》（《武鉴》）成为最受读者青睐的书籍。该书每年加印数次，罗列了日本所有大名以及供职于幕府的大多数著名武士的详细信息，其中包括家纹、宗族血统、方位地址、幕府将军收受的礼物、从藩主的辖地到江户城的距离以及他们在德川政权中担任的职务等。武士需要知道在德川官僚体系中，谁是同级、谁是上级，因其职位不断变化，这就显得更为必要。但是这一花名册的出版数量表明，平民购买的数量甚至超过了武士。一方面，在江户、大阪、京都等出售花名册的大城市里，平民需要这些详细信息来为其武士客户提供服务。在大名游行中识别武士家纹，或者知道送货地址，这本就是经商之道。但不止于此，购买花名册并每年几次在书店免费更新，粘贴新的页面，就像如今得到最新的棒球名册那么令人激动。换句话说，平民得以获取大量的武士信息，这在17世纪以前是无法做到的。

仅仅是出版武士和大名信息这一简单的行为，就能将德川时代的武士与其前辈区分开来。这个过程可以追溯到更早的时代，武士的身份界定渐渐成文。15世纪和16世纪，能够看书识字的精英武士通过"故实"[1]学习武士文化，这些手册描述了武士应有的举止规范，例如如何在仪式上着装、如何在射箭比赛中表现得体。武士的习俗和礼仪可以追溯到镰仓时代，但当时主要适用于居住在镰仓城内或经常光顾的御家人。在室町时代，关于武士文化的著作总体上有所增加，这是因为武士与贵族之间的互动更加频繁，而尊君的文化也影响了武士的思想。从那时起，礼仪手册便一直流行于德川时代。但花名册的作用不仅仅让我们知道了精英武士文化的轮廓，它还准确定义了武士之所以重要的原因。此

---

1 "故实"：日本古代有参考或借鉴意义的礼仪、典章制度。——编者注

外，这些花名册还创造了一定程度上的职业统一性，而这在17世纪之前是不存在的。

新晋的藩主和精英武士们对于如何界定自己颇为在意。战国时代之后，许多失业的武士（浪人）四处漂流，只好在江户和日本各地的城下町中谋得教师或大名谋士等职。这些失去主君的武士帮助各家筹划并参与武家仪式，这些仪式越来越成为武士社交活动的组成部分，特别是在江户城中更是如此。实力弱小的藩主必须创建家谱，以建立家族身份，而在此之前他们并无所谓的家族身份。流离失所的武士还出版军事史籍和兵书，如德川时代早期的《甲阳军鉴》，其作者小幡景宪成为广受欢迎的兵法家。

武士的楷模

平民通过大众文化接触到武士的价值观。歌舞伎剧院的观众起初主要是武士，因此，上演的也多是与著名武士英雄和武士价值观相关的剧目。歌舞伎向大众开放后，江户仔取代了武士，成为典型的剧中英雄，但即便是江户仔也被描绘成具有勇敢、英武、忠诚等武士的特征。

　　上演最多的歌舞伎剧目名为《忠臣藏》，也被称为《赤穗事件》或《47浪人》。它最初是根据18世纪初发生的历史事件而改编的人形净琉璃。当时，一位名叫浅野长矩的大名在幕府江户城内举行的仪式上袭击了幕府旗本吉良义央。浅野攻击吉良的原因并不为人所知，但通常认为吉良侮辱浅野，称其不知礼节。吉良已操持仪式近40年，负责确保所有的与会者都循规蹈矩，包括像浅野这样年轻得多、来自较小领地的人。

　　由于在幕府将军的江户城中禁止拔刀相向，幕府卫兵立即逮捕了浅野，将其处决，并将赤穗除藩，迫使其家臣沦为失去主君的武士（浪人）。经过近两年的计划，47个浪人袭击并杀死了吉良，为其去世的藩主报仇雪恨。当时一些人认为，这些浪人应该免于受到严厉的惩罚，因为他们的行为不过是出于对主君的忠诚。但他们却被处以切腹之刑。所谓切腹，是指剖腹的自杀仪式，如果幸运的话，还可由值得信赖的同伴补以斩首（介错）。早期的武士政权并没有单一形式的死刑，德川时代之前的武士也很少剖腹自杀。但德川时代的武士将切腹理想化为古代武士男儿气概的写照，甚至撰写手册将该仪式进一步规范化。由此，德川幕府将切腹确立为死刑方式。

　　尽管这一事件本身在最初发生时并无太大反响，但观众却对各种戏剧化的版本百看不厌。袭击和颇具仪式感的自杀创造了戏剧化的场景。此外，这些下层武士并肩作战对抗权威，牺牲小我、忠于集体，城市平民平时就经常与下层武士为伍，因而对这一主题颇感兴趣。

一方面，这一历史事件及其后来的受欢迎程度显示出德川武士已面临危机，它暴露了理想中的武士与现实中的武士之间的某种矛盾。作为言行必果之人，武士应该表现出对其藩主家族和本藩的忠诚。因此，他们颂扬过去的武士英雄及其勇武行为。另一方面，武士被认为不应该再逞勇好斗。幕府试图通过制定大名活动的规则来防止大名等高层之间的斗争，这些规则包括不得扩建城池、跨藩追捕武士罪犯等。它还禁止武士打架斗殴或对侵犯者处以极刑。武士学者提倡儒学研习和儒家修养才是令人钦佩的品质，而非逞勇好斗。换句话说，在一个没有战争、没有暴力的世界中，武士又将如何视自己为武士？在德川时代，这一矛盾从未得到完全缓解，而且武士的权威也从未就这些理想的武士形象达成共识。

一些武士学者称赞"47浪人"，因其行为是出于对藩的个人忠诚。其他人则辩称，浪人行为不当，因为杀死其藩主的凶手并不是吉良本人，是幕府因浅野的罪行才将其处以极刑——幕府的法律理应高于个人的行动、荣誉和忠诚观念。一位学者则批评他们等了一年多才发动袭击，而在浅野被处决之后，他们就应该立即杀死吉良。江户汤岛圣堂的校长（大学头）林凤冈将这两种观点合而为一，引用中文古籍以解释武士的真谛。[1]

> 首先，我将从47个人内心的视角来看待他们的仇杀。他们与"主君的仇敌不共戴天"，且"卧薪尝胆、枕戈待旦"（均引自中国《礼记》[2]），这十分重要。忍辱负重、苟且求生并不是武士之道。但我们还必须从法律的视角看待仇杀。任何敌视法律之人都必须被处以死刑……这两种观点几乎背道而驰，但在实际运用中却可以互相补充，而不至于彼此矛盾。在上层，必须有仁慈的统治者和睿智的大臣，由他们通过澄清法律和颁布法令来进行统治。在下层，必须有忠诚的家臣和正义的武士，随时为了自己的坚定志业一抒激愤。[1]

武士在暴力遗产与和平行事之间进退维谷，18世纪的《叶隐》

---

1 汤岛圣堂是五代将军德川纲吉所建的孔庙，之后成为幕府直辖的学问所。

2 "不共戴天"语出《礼记》，"卧薪尝胆"语出《史记》，"枕戈待旦"语出《晋书》。

一书对此做出了最极端的反应。从理论上讲，无论出于何种原因，德川武士都将因拔刀相向而被处决。那么，如果一个武士受到另一个武士，尤其是低级武士的侮辱，又该如何？如果他反击冒犯者，可能会被处决，其家人也会受到惩罚。但是，如果他对侮慢视而不见，则可能会在武士同侪中名誉尽失。根据该书作者山本常朝的说法，答案是选择死亡。山本对47名浪人有着自己的见解——他们应不计安危，立即杀死吉良。受辱尤甚于身亡，因为身亡只关系到自己，而受辱则波及家人，更重要的是，可能会殃及其藩主家族的声誉。《叶隐》开宗明义地写道，"武士道者，死之谓也"，对地方上的武士和幕府的批评使其在当时颇具争议。该书当时仅在锅岛藩的武士之间私下流通，基本不为人所知，直到20世纪30年代战争和法西斯主义高潮期间，才被作为宣传材料死灰复燃。

在德川幕府的世界中，武士不应施暴。17世纪以前，通过学习《论语》等中国典籍以提高自我修养是武士学习的一部分，尽管如此，德川武士的价值观仍依赖于中国对这些典籍的后世解释，即所谓宋明理学的思想流派。宋明理学告知德川武士，对藩主、家庭和社会应持有何种态度。武士领导认为，"教养"学习（文）应该与"武艺"学习（武）相协调，但在实践中，除了武艺操练，武士再也没有别的机会展示自己的武力。因此，在以

"文"为中心的修身养性中，"武艺"已经沦为花拳绣腿。

这些价值观与大多数武士面临的现实并不相符，像胜小吉这样的大多数武士仅仅挂念于养家糊口而已。如果他们手头稍有宽裕，也会对其他业余活动更感兴趣，公认的武士身份的黄金时代只存在于理想化的过去。正如一位武士随笔家在1818年所抱怨的："过去，武士常嘲笑追求高雅之人是'公家风格'。但现在，能像公家风格的都是好一点的武士；大多数人则已变得近乎女流风格。"[2]

武士学者将这种"精神上的"贫困与经济衰退联系在一起，他们经常指责城市化乃罪魁祸首，认为町人的时尚污染了武士的生活方式。一名知识分子痛斥江户的武士花钱大手大脚"犹如旅宿"。如果让武士重回乡间，他们有可能重返自给自足的生活方式，过上更简单的生活，重新学习"更为纯正"的传统武士价值观。还有人指出，町人也可以跟随武士到乡间去，专注于农耕，而不再为城下町中的大量武士工作。

从18世纪开始，幕府制定了一系列改革措施，以解决武士面临的经济困顿和身份下降的双重问题。作为德川幕府八代将军之孙，松平定信身居幕府老中¹，是18世纪末期一系列改革的设计

---

1 老中：江户幕府的职名，是征夷大将军直属官员，负责统领全国政务。——编者注

师，他构想了一个以秩序为基础的儒家式社会，品行优良、谦谦有礼的武士应牢牢占据这一秩序的顶层。这项改革包括审查出版物、限制商人活动、清除异端教义等在内的诸多法令。但是他对削减幕府开支尤感兴趣，要求武士厉行节俭，专注于磨炼文武。他也认为武士源于乡间，将其进一步理想化，并亲率家臣到乡间拉练。

尽管武士的当权者试图重整武士的身份和行为，但武士自己却纷纷取笑这一形象。有一段最有名的讽刺是这样形容松平定信改革的："嗡嗡嗡嗡，让人夜不能眠。"[1]作家中有不少来自下层武家，他们逐渐放弃这一不见出路的职业，转而追求学业。平贺源内就是这样一位教师、作者和发明家，他在一篇名为《放屁论》（1771）的文章中对闷闷不乐的武士形象大加嘲讽。文章讲述了一位能将放屁作为演奏工具、颇具才能的表演者。文中捧哏的名叫石部金吉郎，是一个乡下落魄武士，平贺源内借用其口批评武士的价值观。石部金吉郎告诫放屁者和大众说，幕府允许街头表演，是为了教导大众忠孝之道。他还以《忠臣藏》中的"47浪人"事件为例。他补充道："腹中之气实乃个人之事，岂

---

1 全句为"世の中にか（蚊）ほどうるさきものはなしブンブというて夜も寝られず"，可译为"世上就属蚊子最吵，嗡嗡嗡嗡，让人夜不能眠"。"文武"的日文发音（bunbu）犹如蚊子的嗡嗡叫声。

能在公众场合随便排放。倘若，哦，一不小心在大庭广众排气，任何一个规规矩矩的武士都应该羞愧难当，自杀谢罪。"平贺源内的批判反映出，尽管幕府将军试图通过平民文化推广武士价值观，但町人却自有他们创造文化的办法。他也嘲笑了所谓的武士荣誉——即便是像放屁这样的无害之举，也有可能使武士面临公然受辱的风险，迫使其自杀。

对武士的种种戏谑也经常出现在大众文学中。德川时代最著名的小说《东海道中膝栗毛》由一位町奉行[1]之子所撰写，讲述了喜多八和弥次郎兵卫两个男人的冒险经历。他们一路喝酒、戏耍，跌跌撞撞地从京都到江户。两人在路边的酒馆遇到了一个醉酒武士、几个年轻的艺伎（其中一个叫志女）和一个帮闲：

　　"哦，你个讨厌鬼，"女孩儿们喊道，"看看他的脸。多奇怪的眼睛。翻得多白，瞪得多大！"

　　"少欺负人，"武士突然暴怒，高声喊道，"甭看我的脸，看你们自己的就行……"他想站起来，但艺伎们把他一把摁住。"好了，好了，"她们说，"消消

1　町奉行：江户幕府的职称，掌管领地内都市的行政、司法。——编者注

气，消消气。"

"不得无礼，志女，"帮闲说，"来，你听我说怎
么办。这儿太无聊了，得快活一些，高兴点，就当我们
在蒸'气'浴。"

"蒸'气'浴不就是洗空气吗？"武士说，"当我
是白痴。我可真得好好教训一下他的无礼。"显然，武
士是个生气的醉汉。[3]

当晚，他招来这些艺伎和帮闲找乐子，但却一味告诉他人在
与武士打交道时应知道分寸，因此两次斥责他们无礼。但是他们
却没有被吓退，反而继续取笑他，因为他们清楚，他醉眼蒙眬、
狐假虎威，这只会让他显得软弱无能。

作家和艺术家都知道，人的身体不分阶级高低，功能都大同
小异，所以他们用各种下三路的幽默来批评任何一个不可一世的
群体，尤其是武士。艺术家葛饰北斋以其"神奈川冲浪里"的浮
世绘而闻名，他曾出版了一本版画册，其中包含题为"出恭"的场
景。画中描绘的是，上级在解手，而武士家臣在一旁尽职站立。这
两个家臣不免过分信奉了武士的理想，甘愿吃苦也要尽心尽责。

图9 艺术家葛饰北斋以其"神奈川冲浪里"的浮世绘而闻名，在此图中则嘲笑武士的职责意识。图中，一位主君在茅厕内臭气熏天，而其他家臣则在一旁安心等候。——葛饰漫画，第12卷，杨百翰大学收藏

平民与武士的身份

与之前的时代不同，德川时代的平民在创造武士文化中也出了一份力。平民采购武士名录、学习剑术、雇用武士教师，并购买兵书。无论是在乡村还是城市，他们都在大众文化中赞颂理想化的武士。乡间的村民组织起歌舞伎，以大规模的演员阵容演绎战斗场面，演员中还包括当地"若年组"[1]的成员。很简单，战争的戏码打破了日常生活的单调。一些平民习武操练，甚至不仅是为了自卫和与武士交际，而且将这些武艺用于乡间剧目和乡村节庆中。

在某种程度上，武士作家也推动平民参与武士文化。《太平记》讲的是14世纪的战争故事，平民既可以阅读，也可以听书。《太平记》讲述了那个时代南北朝廷之间的冲突。作者颂扬后醍醐天皇的将军楠木正成，赞美忠诚和自我牺牲等价值观。作为一个课本，它教会了年轻的平民百姓如何阅读汉字，并传授道德教谕。《太平记》是如此出名，以至于很多作者甚至将其作为历史背景，评论"47浪人"等政治敏感事件，以此规避写作时触及禁忌话题而遭逮捕的风险。

---

1 日本地方上一种传统的青年教育组织。

除了《太平记》之外，平民和武士中流传的还有德川时代以前的其他武士典籍。《女今川》和《百姓今川淮状》等书都模仿了15世纪"今川状"这一广为流传的武士家训的主题，强调文化学习（文）的重要性。当然，并不是所有的村民都识字，所以一些名主使用武士中流行的那些军事作品，向村民讲授道德规范。

对于剑术和射箭等最与武艺相关的武士活动，幕府时而拒绝，时而鼓励。这种态度一读下面1805年幕府颁布的法令便可知。在整个19世纪江户周围的许多大名中，该法令流传甚广。

> 近闻本地浪人四处游荡，农民习武并聚众练习，恐荒废农事，实属忘乎所以、桀骜难管。对此行径应令行禁止，习武教头亦不得向村民传授武艺。[4]

该法令反映了19世纪武家政权面临的几个问题。首先，它反映了武士的失业状况。浪人忙于生计，并不在乎禁止平民接触武士文化的幕府律令。武士传授武艺或辅导学业，通过这种方式，平民百姓也得以接触到武士文化，武士自身也无意间意识到了这些文化的普世吸引力：任何人只要负担得起都能适用。不论出身如何，只要有钱，就能至少部分实现成为武士的幻想。土地固然被控制在武士手中，但平民却成为超越武士的一种经济力量。但对于武士身份下降和经济困境的问题，松平定信的改革及其后的其他各项改革都未能妥善解决。该法令还表明，当权者无力阻止平民以自己的方式借用武士文化。不管被模仿还是被戏谑，武士都无法控制平民如何看待他们，又如何刻画他们。

在19世纪中叶，经济和社会混乱蔓延到整个大江户地区，幕府将军开始依靠平民的自卫力量。幕府颁布《关东取缔出役》，就是为了应对江户腹地日益猖獗的犯罪活动，依靠农村精英以获取有关当地罪犯的信息。各个村庄组成了防御联盟。它们由那些规模较大、较为富裕的村庄挑头组织起来，在这些村庄设立关押罪犯的拘押所。各村的名主开始享有原先仅供武士的特权——如佩刀，或在官文中使用姓氏。联盟的成员还练习剑术，既是为了防身实用，也有增强内部社会凝聚力的考虑。

在日本周边海域，西方人不断增加，暴露出武士统治的诸多结构性弱点。江户的官员非常担心伊势神宫遭洋人侵袭，因此在1855年开展检查，要求神职统计宫内可被熔化的大钟，以用于加农炮和步枪的生产，并开始习武，特别是练习枪炮操作，以此作为防御入侵的第一步。这些努力在1863年神社成立"农兵"时达到了顶峰。在19世纪中叶，由于仅靠武士，幕府已无力应对外来和国内的威胁，农兵变得更为普遍。可见，现实中的武士已经与舞台上、书本中和剑术教习中的英雄形象大相径庭。

崩溃和"维新"

许多问题导致了明治维新（1868），这场冲突的一方是外样大名领导的武士，他们以年幼的明治天皇的名义参战，另一方则是德川幕府及其盟友。尽管其战争规模不及美国内战，但这场战争仍具有显著地位，代表着近代日本的"起点"。在明治维新之前的几十年中，几个彼此关联的问题在整体上不断压迫武家政权和武士：来自西方国家的威胁，幕府内部的冲突，以及武士与非武士之间不断变化的关系。这些压力源自武家政权为维持其霸权而制定的各项政策，最晚在17世纪初便已出现。

19世纪初，幕府领导人开始担心如何应对日本周边不断出现的西方人。1825年，随着越来越多的欧洲船只在日本的水域进行试探，沿海大名得到命令向这些船只开火，以将其驱离，但这种努力收效甚微。幕府最终放弃了这一命令，这表明，幕府无力妥善准备、应对来自外部的威胁。越来越多的美国捕鲸船行驶在太平洋上，对华贸易也不断提升，由此导致遭遇海难漂流到日本的水手人数日益增加。英国人、法国人、荷兰人、俄国人都一直试图扩大其在整个亚洲的商业准入和外交关系。鸦片战争（1840—1842）期间，中国饱受其害，幕府不想步其后尘，成为英国在华鸦片贩运而导致的一系列冲突的牺牲品。对于一些武士而言，欧洲人不过是唯利是图的商人，这种职业在武士看来自私卑鄙之至。但武士相信，如果他们能把外国商人的活动控制在长崎一地，就能避免外交纠缠。与欧洲不同，当时东亚国家开展贸易并不需要以政府间外交关系为前提。18世纪下半叶，俄国人反复尝试打开与日本的关系，幕府准许他们在长崎进行小规模的贸易，希望这能使他们心满意足。但事实并不如愿，一位俄国船长于1861年在对马岛登陆，要求当地的大名租借土地。幕府无法吓退俄国人，只好向英国寻求帮助。

当美国海军上将马修·佩里（Matthew Perry）于1853年抵达江户湾时，来自西方的压力最终达到顶峰。幕府之前已从荷兰和琉球王国获悉，佩里正在途中，但当他的"黑船"出现在离江户一箭之遥而非长崎之时，还是引起了幕府领导层的恐慌。许多武士倒只是善意的好奇而已，并不觉得有多焦虑。武士官员和美国船员还心平气和地相互检查了对方的武器。尽管如此，佩里要求幕府回应米勒德·菲尔莫尔（Millard Fillmore）总统的要求，即使不是签署真正的条约，也至少要建立一定的贸易和外交往来，这无疑影响了幕府与大名的关系，也影响到日本的整个国家体系。

佩里承诺，将在一年后率领武力更为强大的船只卷土重来。在此期间，幕府的老中首座阿部正弘向所有的大名征求意见该如何应对美国人，包括那些通常被拒于幕府正式决策过程之外的外样大名，此举开创了德川时代的先例。在政治上疏远了他们200多年之后，为什么幕府现在需要倾听这些外样大名的声音?

这个问题的答案与所有显赫的武士家族面临的问题有关，即继承问题，问题至少在镰仓时代初期就已出现，甚至更早。在佩里第一次抵达仅几周后，当时的德川幕府将军德川家庆去世，而他的继任者德川家定在政治上绵软无力，身体上又弱不禁风，自童年后就诸病缠身。阿部正弘及其支持者虽然控制了幕府的政策，但也不能为所欲为。他需要求得共识，因为幕府已羸弱不堪。

不幸的是，对于阿部正弘及其支持者而言，共识并没有如期而至。大名的反应各式各样，有人主张以某种形式对美国人"开国"，与其通商，并向他们学习科学技术。有人则坚持应拒绝美国人的所有要求，即便输掉一场原本就打不赢的战争也在所不惜。佩里于1854年重返日本时，阿部与其签署了《神奈川条约》。无论是他本人还是支持这一条约的那些大名都没有接受西方本身。该条约并没有给美国人太多的承诺，日本也避免了一场战争，但是许多在京都颇具政治影响力的贵族，以及效忠于天皇及其体制的武士还是立刻提出了严厉的批评。

在研究德川幕府时，很容易忘记一个武士历史上挥之不去的问题——每一个政权与京都朝廷和天皇之间的互动。京都公家影响德川日本政治和社会事件的程度，已无法与17世纪相提并论。天皇和公家仍旧留在京都，但很少有日本人知道他们或关心他们。人们仅仅在历史作品中读到所谓的忠诚。但不管作者本人是否意识到，历史写作总有个模式，因此人们都是通过武士作家的笔触来了解天皇制度。整个德川时代出版的所有历史著作，都必须言及后醍醐天皇的建武新政（1333）。他的南朝宫廷是被冤枉的合法皇族吗？足利尊氏究竟是朝廷体系的反叛者，还是一个值得敬佩的领导人？在后醍醐天皇的领导层陷入混乱之后，他确有理由建立起一个新的幕府吗？足利尊氏是该被谴责，还是该被颂扬？这些问题关系到天皇的神圣血统，这些问题的回答对武士的合法性又意味着什么？对此，各种观点众说纷纭。京都的民众在1863年冬末的一个清晨醒来，发现三颗足利幕府将军的头颅漂流在鸭川之上，彰显支持天皇的力量如日中天。随之而来的"替天行道"的招贴，则预示着幕府大难临头。此时此刻，"上天"站在了天皇体制的一边，而非继承了家族遗产的幕府将军足利尊氏。

德川时代是日本历史上武士统治的最高峰，特别是幕府权威凌驾于朝廷的最高峰。但是，所谓的政治统治并不意味着朝廷完全没有政治影响力。在德川时代的后半期，武士对天皇和皇室遗产广为尊重，这一结果部分是由于史书的影响。

在17世纪，水户藩在当地大名家族的领导下，开始了一个名为《大日本史》的大型历史写作项目，该大名家族本就与德川氏有联系。这一项目于1906年最终完成，与20世纪之前日本的许多学术著作一样，该书也受到中国思想即宋明理学的影响。它也沿袭了中国的史书风格，按照天皇继位的顺序追踪历代变迁。武士教习将这些内容用作教材，这种对天皇的关注影响了之后几个世代的武士，他们把忠诚和皇威这两个主题牢记在心。佩里到来时，芸芸大众早已被这些作家说服，相信德川家族及其幕府的统治不过是蒙于皇威的恩典而已，不管这些作家信奉哪个思想流派，是尊崇中国古籍的作家也好，是崇尚日本国学的作家也罢，甚至是那些致力于学习欧洲舶来书籍的作家亦是如此。

重拾对天皇体系的尊重与外交政策息息相关，但其结果却是灾难性的。1846年，天皇下令要求幕府建立沿海防线。1858年，幕府试图要求天皇事后承认其与美国签署的商业条约，但天皇予以拒绝。贵族、大名、武士乃至一些平民都群起而攻之，批判幕府，导致前所未有的暴乱。1860年，一位幕府大老[1]的随行队伍在接近江户城时，遭到一群来自水户藩浪人的突然袭击。守卫们为了防止剑碰到雪而生锈，把剑塞在刀鞘中，结果纷纷被杀身亡，坐在轿厢中的井伊直弼也难逃一劫[2]。在整个19世纪60年代，日本各地的武士，纷纷离开自己的藩前往京都，集结在朝廷和志趣相投的尊皇武士周围。他们中的大部分是下层失业武士。同时，幕府也竭尽全力缓和与京都朝廷及其支持者的关系，天皇的女儿还嫁给了一位幕府将军。[3]1863年，朝廷要求幕府将军前往京都，幕府不得不忠实地履行这一诏令，这充分说明武士政权已失去了对天皇的控制。幕府深感受辱，但却无力拒绝天皇的命令，只好答应遵守这一并不能长久兑现的诏令。在古代，"征夷"乃幕府将军的角色，现在他也不得不同意将欧洲人赶出日本。

尽管许多大名在公武合体中几乎没有发挥作用，也没有受到

---

1 大老：幕府除征夷大将军之外，实权最大的官员就是"大老"。大老在同一时期只有一人，辅佐将军处理国政并管理幕府军队，拥有"一人之下，万人之上"的权势。——编者注

2 史称"樱田门外之变"。——编者注

3 1861年，仁孝天皇的第八皇女和宫亲子内亲王下嫁第十四代将军德川家茂，史称"和宫降嫁"。

西方人的直接影响，但他们仍然面临着来自领地内平民的压力。与世界历史上的其他地区不同，日本并没有经历过平民的革命运动。农民抱怨税负过重和地方官员的不良行为，但他们从未攻击过大名和幕府武家政权的基本结构。他们借鉴儒家的仁爱观念以求仁政，如果得不到仁政，则提出陈情抗议。这是一个颇具风险的策略，挑头的人经常人头落地，有时甚至殃及他们的家人乃至子女。那些最绝望的村庄派人远赴江户，当幕府将军坐在隐蔽的轿子中穿城而过时，直接向他请愿。这倒能起作用。在最理想的情况下，幕府将调查问题地区，迫使大名进行改革。就算最不济，一场抗议活动也能说明大名无能，引起嘲笑和惩罚，例如没收其领地，转交另一位大名负责。

村民可以集体向大名施压，但商人团体则可以用钱说话。富裕的商人和农村实业家对于普通武士而言举足轻重，他们甚至可以直接影响大名。作为放债人，他们能向大名建议如何在领地内实施经济改革。大名经常指望平民扩大产业，从而为领地带来更多的收入和税收。在乡间，中层武士从被分配到名下的村庄得到生活津贴和其他资源。他们中的一些人甚至在其江户城内的宅子中雇用村民，因此，被要求厉行节约，否则今后就不再借得到钱。当日本经济遭遇全球资本主义时，大城市中的商人在与欧洲人的纺织品贸易中赚得盆满钵满。他们的成功带动了商品价格在19世纪90年代不断暴涨，导致一系列暴乱和针对仓库的"砸抢"，有钱人被指控在这些仓库中囤积居奇。在天皇的忠民中，包括妇女在内，很多都是平民，他们都感到，在决定日本前途的过程中，自己也应该起到一定的作用，无论这一作用多么微小。

到19世纪60年代，武士统治的神秘感和威严感逐渐消失，那些曾经相信武士精神中忠诚、义务和行动的人纷纷在日本各地起义。他们袭击井伊直弼之类幕府中最令人反感的代表，以及家乡领地和京都贵族中的各色敌人。在某些领地，派阀纷争还引起了小规模的内战，各方聚集数百人，例如在南部规模较大的一些外样大名领地，以及那些规模较小但在政治上与江户联系更密切的领地。

整个19世纪60年代，找不出一个不见政治暴力的太平年份。这十年之前的时代相对平稳，但是现在和平和稳定被诸多因素搅乱：派阀纷争和诸藩内战不断，居住在横滨新建立的居留地中的欧洲人及其仆从遭到袭击，京都和江户城内骚乱四起，幕府将军德川家茂（1866年，20岁）和孝明天皇（1867年，35岁）这两个关键政治人物意外去世。新即位的明治天皇只有十几岁，被操控在少数宫廷贵族及其大名支持者手中。新的幕府将军德川庆喜接位时就不情不愿。他不想与朝廷内的敌人大战一场，毫无疑问也担心自己的安危,于是在1867年将幕府将军的头衔"奉还"给天皇。这样,即便不在实质上,至少在名义上建立起了明治天皇对政治统治的"维新"。德川庆喜仍然是德川氏的家主,但同时也是朝廷和天皇的合作者、幕府麾下武士官僚的领袖。他对聚集在京都的大名发动攻击,声称他们操纵了年幼的天皇。德川庆喜的队伍拥有1.5万名士兵,在人数上超过了西南诸藩的队伍,但在京都郊区鸟羽和伏见发生的战事并未如其所愿。他只得退回江户,并于1868年将德川家族的军队拱手交给天皇。

尽管德川庆喜已经俯首称臣,但德川氏的支持者,包括几个法国武官,却与南方大名及其士兵组成的"政府军"继续作战。这些武士抵抗者坚持战斗,并非出于对幕府的热爱;事实上,几千名士兵强行征用幕府的船只驶往北部的函馆时,还建立了一个新的共和国,并任命了一位德川家族成员作为总裁。[1]东北地区的另外38个藩也组成了军事同盟,与来自南方的天皇麾下的5万大军作战。

自17世纪初以来,第一次有成千上万的军队被动员起来参战,但他们与其前辈已大相径庭。在战前,幕府就长期醉心于改革军队,以西式步枪装备士兵,并要求法国人提供帮助以重整军

---

[1] 幕末时期,幕府海军将领榎本武扬率领旧幕府军占领虾夷,成立所谓"虾夷共和国",榎本武扬任总裁,后在箱馆战争中失败投降。

备。在南方，英国人和其他西欧人一直在出售美国内战留下的步枪。以天皇的名义被派去参战的主要是武士，但当地的大名组织起"农兵"以帮助海防。尽管如此，战场上还是出现了刀、长枪、戟、弓等传统武器。

最血腥的战斗发生在松平氏统治下的东北会津地区。尽管德川家康曾作为人质被松平氏抛弃，但德川家康却对松平氏不离不弃，因此，即使在两个半世纪后幕府沦陷时，他们也仍然是幕府最可靠的支持者。当会津武士抵御对会津城堡的围攻之时，他们的妇孺则在城内照顾伤员、提供食物，为临时制作的竹制炮筒装填火药和弹药。当炮弹落在屋顶时，妇女还用湿毯覆盖炮筒以防起火。这些武士的妇孺不顾男人的劝阻，最终拿起刀剑加入阵中，成为16世纪以来最后一批在战斗中使用刀剑之人。许多女人剪成男士发型，甚至还有一个人穿上死去的哥哥的衣服。最终，有近200名妇女在战斗中丧生。另有230名男女老幼自杀，以免落入敌人的手中受辱。多年以后，会津地区的家老西乡赖母回忆起当时家中所有女性的自杀：他的母亲、妻子、妹妹和五个女儿，其中最年幼的分别只有四岁和两岁，均自杀身亡。每个人都写下绝命诗。13岁的女儿写道："只手相牵，一路同行，定不迷途。"她16岁的姐姐补上下句："黄泉路上，执子之手。"[5]

　　图10　月冈芳年的这一版画反映了他所目睹的明治维新时期在上野所发生的暴力事件。画的题款中写道，这一1868年的作品描述的是驹木根八兵卫的生活，驹木根是17世纪岛原之乱时的一个叛乱者，但其服饰明确表明，这是一个彰义队成员。彰义队是站在德川幕府一方作战的诸多非正规部队中的其中一支。阿姆斯特丹国立博物馆，——RP-P-2002-336

明治维新后的武士遗产

伊藤博文由一个曾经的南方武士变身为近代的寡头。明治维新后不久的1872年，他在旧金山发表演讲。他讲道，尽管发生了短暂的内战，但封建制度在"不费一枪、不流一血"的情况下就被摧毁。从19世纪后期到现在，日本的历史教科书往往淡化明治维新时期的暴力。日本的一位著名历史学家甚至认为，明治维新是世界历史上一场独特的革命，因为与其他近代革命相比，它的暴力相对较少，武士是自行废除的阶级。曾有一场简短演讲谈及是否有必要反思明治维新带来的暴力和创伤。当时，这位历史学家坐在观众席上，他发言说，事情已经过去很久了，但各地的旅游推广者竟然还在一味强调明治维新时期的暴力。他说的或许没错，但有一个事实不容抹杀：在19世纪60年代后半期，超过1.3万人被杀身亡，其中的大多数死于德川庆喜大政奉还直至1869年结束的戊辰战争之间。明治维新结束150年后，这一争议尚未平息：死者并未得到应有的评价。

明治维新使得幕藩体制、近280个原有藩以及武士身份被全面废除。新组建的明治寡头体制首先要求各个藩主自愿将其领土"奉还"给天皇，从而将其消灭殆尽。那些领导明治维新、来自大藩的显赫大名首先上交了他们的领地。后来，政府强迫所有大名都如此这般。一些大名被转移到全国其他地方，成为新成立的72个县的知事[1]，但这仅限于少数人。在大多数情况下，大名并不哀叹自己的新身份。他们获得的回报足以安享天年。甚至在明治维新之前，就有一些大名恳求幕府代为掌管其藩，因为费力统治藩地实在得不偿失。

对于自身社会地位的丧失，武士的反应各不相同。新成立的政府用国债代替传统的武士俸禄，而这些债券很快就被国家银行回购。一些层级较低的武士从这笔交易中获利颇丰，并用得到的现金置产兴业。然而，对于那些层级较高的武士而言，这种俸禄和国债之间的转换并不足以提供体面的生活。

此外，武士特权的外在痕迹也被消除了；他们不再配刀，也失去了独特的发型。军队也不再由他们垄断，现在对所有男性开放。制定这些法律的虽然是政府中那些曾经的武士，但即使在官僚机构内部，也存在广泛的不同意见。1869年，在新成立的公议所中，一位官员提议，除警察、军人和政府官员外，任何人都不得再公开佩刀。他为此被逐出公议所并降职，人身安全也一度受

---

1 知事：日本都道府县行政区的首长，现仍通用于日本。——编者注

到威胁。在公议所中，相比如何与西方国家接触的议题，议员们花费更多的时间来辩论是否需要废除切腹——投票以200比3的结果反对禁止切腹，而提出废除的人也被暗杀。

许多武士由于丧失其原有地位，无法找到有用武之地的工作。他们没有接受过理财的训练。在德川时代，对金钱往来避而远之一直是武士的骄傲，在他们看来，只有自私自利的商人才懂这些东西。一些曾经的武士变得穷困潦倒，只得出卖刀、盔甲和其他武士物品，这些物品现在都充斥在西方的各个博物馆中。为了糊口，他们甚至出售家中的传家宝。但也有人很高兴摆脱了原有地位的束缚，现在得以从事任何心仪的职业。一位武士的孙女后来曾出版了一部家族史，她称其祖父作为水户藩的武士很高兴看到旧制度的崩溃。他发现，尽管像所有武士一样，他也失去了传统的俸禄，但要想谋生却变得容易多了。

在19世纪末期，许多日本人不再颂扬武士，反而认为武士四体不勤、毫无用处，早已落后于时代。取而代之的是，全盘西化的热潮席卷整个社会，连着装也是如此。各地政府纷纷推倒了原先已遭废弃的城堡。在会津地区，新成立的县政府打算出售城堡周边的土地，而正是在这些土地上曾经激战连连。他们向当地游客大开城门，提供了为期20天的参观，然后将其完全拆除，并拍卖了余下的材料。但只有一个人为拍卖出价。城堡周围的土地最终被卖给了当地农民。

但到了19世纪末,武士又被认为代表了传统日本的国粹。在那些由曾经的武士变为近代知识分子的人中间,福泽谕吉是最知名的一个,其头像也出现在一万日元的纸币上,他曾大力颂扬武士身份体系的终结和德川幕府的土崩瓦解。尽管如此,他后来又为武士精神的丧失而感到悲哀,武士精神随着明治维新的"败者"而一去不复返,会津的沦陷和德川幕府武士都是这样的"败者"。许多失败者现在求职于明治寡头政治体系。会津勇士曾被认为是天皇的敌人,饱受仇视,而现在一些人将日本颂为武道国家,会津勇士又重新得到了尊重。

当日本开始对中国(1894—1895)和俄国(1904—1905)发动战争时,思想家开始提倡日本人人皆武士的观点。剑道作为使用护甲和点数计分法的一种现代剑术形式,因其有助于培养武学精神,在学校体系中获得推广。自我牺牲和尊皇成为文学、电影和小学教科书中的中心主题。曾几何时,《叶隐》一书至多不过是名不见经传的课本,却在20世纪初重新出版,尤其是在20世纪30年代日本法西斯主义鼎盛的时期,被广为传阅。

"武士道"的情况又如何呢?它对民众的影响远不及对政

府官员和高级军人的影响。大多数人都认为，新渡户稻造在他的《武士道》一书中为现代读者定义了武士道。该书以美国人为对象，于1900年以英语出版。但在新渡户稻造之前约十年，身兼记者和政治家的尾崎行雄就已经将武士道描述为日本的绅士风范，以之与欧洲的骑士精神相比较。在他的这个概念中，并没有出现武威、自我牺牲等字眼。在整个19世纪90年代，知识分子纷纷著书立说，回应尾崎行雄有关武士道的著作。有人用"武士道"来形容商业活力，有人主张基督教版的武士道精神，但直到20世纪，仍是众说纷纭。在日本讨论武士道的第一个高潮时期，新渡户稻造就已居住在美国，当他的书以日语出版时，除了少数感兴趣的知识分子认为"说得太少、出得太晚"之外，几乎没有引起什么反响。相反，哲学家井上哲次郎倒是推广了武士道的概念，将民族主义、效忠天皇和自我牺牲都纳入其中。这些主题以及武士的整体历史成为二战中政治宣传的核心部分。武士出现在教科书上，男孩儿在学校学习日式剑道，女孩儿则练习如何挥舞末端附有弯曲刀刃的长柄薙刀。

二战后，这种战时的武士形象成为禁忌。即使在默片时代也很受欢迎的武士电影，也开始受到美国占领军的严格审查。电影导演仍可以制作武士片，但不能赞扬暴力和自我牺牲，也不能倡导尊皇。在占领结束后的20世纪50年代，出现了武士片的热潮，黑泽明的《七武士》等经典电影纷纷问世，但它们描绘的不再是超国家主义形象的武士。占领当局还禁止习武，将其视作传播危险的武士道和法西斯意识形态的另一种手段。剑道等武术重新出现时，它们也强调合作与竞争，而不再突出武艺的实用价值。

在20世纪60年代开始的高速经济增长期，千人一面、身穿深色西装的"上班族"成为新的武士。这些生意人被称为"企业武士"，他们效忠于自己的公司，永远不会为了别处的高薪厚禄而见异思迁——这与中世武士时不时改换门庭或出卖领土大相径庭。对早期武士而言，自我牺牲不过是例外，自我保护才是正道，但现在这些商界的武士则被要求，甘愿为了公司的利益牺牲自我的福祉。人们不禁会问，该如何更为准确地描述武士的历史，这又会对今后日本的文化、商业等方方面面产生怎样的影响？

注　释

第一章　何为武士？

[1] Bonnie Rochman. "Samurai Mind Training for Modern American Warriors." Time Sept. 6, 2009.

[2] Yamamoto Tsunetomo, *Hagakure,* trans. Alexander Bennett (Tokyo: Tuttle, 2014), 60.

第二章　早期的武家政权

[1] 关于这一法典的英文全译本参见David Lu, *Japan: A Documentary History*, Volume 1, (Armonk, NY: M. E. Sharpe, 1997), pp. 109—115。

[2] Margaret Mehl, *History and the State in Nineteenth-Century Japan* (New

York: St. Martin's Press), p. 1.

第三章　中世的战争与武士文化

[1] Shapinsky, *Lords of the Sea* (Ann Arbur: Center for Japanese Studies, University of Michigan), 6.

[2] Ibid., 106.

[3] David Lu, ed., *Sources of Japanese History* (Armonk, NY: M. E. Sharpe), Vol.1, pp. 153—154.

[4]『甲陽軍鑑』，腰原哲朗訳，東京：教育社，1979年，第69頁。

[5] Donald Keene, *Yoshimasa* (New York: Columbia University Press, 2006), 15—22.

[6] 作者自译。另外版本的翻译及全译本可参见Carl Steenstrup, "The Imagawa Letter," Monumenta Nipponica 28, No.3 (Autumn, 1973), 299—315。

[7] 作者自译。另外版本的翻译及全译本可参见Carl Steenstrup, "Hojo Soun's Twenty-One Articles," Monumenta Nipponica 29, No.3 (Autumn, 1974), 283—303。

第四章　和平时期的武士

[1] 这一译本源自Constantine Vapori, *Voices of Early Modern Japan* (London: Taylor and Francis, 2018), 63。

[2] Harold Bolitho, *Treasures among Men: The Fudai Daimyo in Tokugawa Japan* (New Haven, CT: Yale University Press, 1974), 8.

[3] Constantine Vaporis, *Tour of Duty* (Honolulu: University of Hawai'i Press, 2016), 19.

[4] Albert Craig, *Choshu in the Meiji Restoration* (Cambridge: Harvard University Press, 1961), 22.

[5] Buyō, *Lust, Commerce, and Corruption* (New York: Columbia University Press, 2014), 56.

[6] 吉田ゆり子『兵と農の分離』，東京：山川出版社，2008年，第97—101页。

第五章　如何成为一名武士？

[1] 部分引自*Sources of Japanese Tradition* (Armonk, Y: M. E. Sharpe,

1997), Vol.2, Part 1, 1600—1868, 361.

[2] Buyō, *Lust, Commerce, and Corruption* (New York: Columbia University Press, 2014), 43.

[3] Jippensha Ikku and Thomas Satchell, trans., *Shank's Mare* (Boston: Tuttle, 1960), 339.

[4] 埼玉県編『新編埼玉県史』，浦和：埼玉県，1979年，第742—743页。

[5] 由Anne Walthall翻译，参见*Politics and Society in Japan's Meiji Restoration: A Brief History with Documents* (Boston: Bedford St. Martin's Press, 2017), 141。

延伸阅读

通 史

Friday, Karl, ed. *Japan Emerging: Premodern History to 1850*. New
York: Roudedge, 2012.

Hane, Mikiso, and Louis G. Perez. *Premodern Japan: A Historical Survey*.
Boulder, CO: Westview: 2015.

第一章 何为武士?

Farris, William W. *Heavenly Warriors: The Evolution of Japan's Military,
500–J300*. Cambridge, MA: Harvard University Press, 2010.

Friday, Karl F. The First Samurai: *The Life and Legend of the Warrior*

Rebel Taira Masakado. Hoboken, NJ: Wiley, 2008.

第二章　早期的武家政权

Friday, Karl F. *Hired Swords: The Rise of Private Warrior Power in Early Japan*. Stanford, CA: Stanford University Press, 1996.

Lu, David J. *Japan: A Documentary History*. Armonk, NY: M. E. Sharpe, 2005.

Mass, Jeffrey P. *Antiquity and Anachronism in Japanese History*. Stanford, CA: Stanford University Press, 1995.

Mass, Jeffrey P. *Yoritomo and the Founding of the First Bakufu: The Origin of Dual Government in Japan*. Stanford, CA: Stanford University Press, 1999.

Mass, Jeffrey P. and Takeuchi Rizo. *The Kamakura Bakufu: A Study in Documents*. Stanford, CA: Stanford University Press, 1976.

第三章　中世的战争与武士文化

Berry, Mary E. *The Culture of Civil War in Kyoto*, Berkeley: University of California Press, 1997.

Berry, Mary E. *Hideyoshi*. Cambridge, MA: Council on East Asian Studies, Harvard University, 1990.

Conlan, Thomas. *State of War: The Violent Order of Fourteenth–Century Japan*. Ann Arbor: Center for Japanese Studies, University of Michigan, 2004.

Friday, Karl. *Samurai, Warfare and the State in Early Medieval Japan*. New York: Taylor & Francis, 2005.

Ōta, Gyūichi, trans. *The Chronicle of Lord Nobunaga*. Edited by J. S. A. Elisonas and Jeroen Pieter Lamers. Leiden: Brill, 2011.

Shapinsky, Peter D. *Lords of the Sea: Pirates, Violence, and Commerce in Late Medieval Japan*. Ann Arbor: Center for Japanese Studies, University of Michigan, 2014.

第四章　和平时期的武士

Bolitho, Harold. *Treasures among Men: The Fudai Daimyo in Tokugawa Japan*. New Haven, CT: Yale University Press, 1974.

Hanley, Susan B. *Everyday Things in Premodern Japan: The Hidden Legacy of Material Culture*. Berkeley: University of California Press, 1997.

Katsu, Kokichi, and Teruko Craig. *Musui's Story: The Autobiography of a Tokugawa Samurai*. Tucson: University of Arizona Press, 2003.

Totman, Conrad D. *Early Modern Japan*. Berkeley: University of California Press, 1995.

Vaporis, Constantine N. *Tour of Duty: Samurai, Military Service in Edo, and the Culture of Early Modern Japan*. Honolulu: University of Hawai'i Press, 2016.

Yamakawa, Kikue. *Women of the Mito Domain: Recollection of Samurai Family Life*. Translated by Kate W. Nakai. Stanford, CA: Stanford University Press, 2001.

第五章　如何成为一名武士？

Benesch, Oleg. *Inventing the Way of the Samurai*. New York: Oxford University Press, 2016.

大事年表[1]

平安时代（794—1192）	
1068年（治历四年）	后三条天皇即位。
1159年（平治元年）	平治之乱爆发，平氏压倒源氏，彻底专揽朝政。
1167年（仁安二年）	平清盛成为太政大臣。
1179年（治承三年）	平清盛发动政变。
1180年（治承四年）	源赖朝举兵进攻平氏，源平合战爆发。
1181年（养和元年）	平清盛去世。
1183年（寿永二年）	平氏战败，逃往西国，源赖朝确立对东国的统治权。

---

1 编者附。

1184年（元历元年）	源义经打败平氏。源赖朝于镰仓设公文所、问注所。
1185年（文治元年）	坛之浦之战之中平氏灭亡。源赖朝获得任命守护、地头之权。
1189年（文治五年）	奥州藤原氏灭亡。
1191年（建久二年）	源赖朝改公文所为政所。
镰仓时代（1192—1333）	
1192年（建久三年）	后白河天皇驾崩。源赖朝成为征夷大将军。
1199年（正治元年）	源赖朝去世，源赖家成为源氏首领。
1203年（建仁三年）	比企能员之变，源实朝成为将军。
1218年（建保六年）	北条政子与后鸟羽天皇达成协议，由皇子担任四代将军。
1219年（承久元年）	源实朝被暗杀，源氏血脉断绝。
1221年（承久三年）	承久之乱爆发，皇太子、天皇与三位上皇均被流放。
1225年（嘉禄元年）	北条政子去世。
1268年（文永五年）	蒙古使节带来国书。
1272年（文永九年）	后嵯峨上皇驾崩（皇统开始分裂）。

1274年（文永十一年）	文永之役，元军在九州登陆，被击退。
1281年（弘安四年）	弘安之役，元军第二次远征失败。
1284年（弘安七年）	北条时宗去世。
1294年（永仁二年）	元世祖（忽必烈）驾崩。
1311年（应长元年）	北条贞时去世。
1321年（元亨元年）	后醍醐天皇亲政，废除院政。
1331年（元弘元年）	元弘之乱，后醍醐天皇举兵倒幕。
1333年（元弘三年）	镰仓幕府（北条氏）倒台，后醍醐天皇返回京都。
1335年（建武二年）	中先代之乱，足利尊氏举兵反叛。

南北朝时代（1336—1392）

1336年（建武三年）	后醍醐天皇迁都吉野，南北朝对立时代开启。
1338年（历应元年）	足利尊氏任征夷大将军。
1339年（历应二年）	后醍醐天皇驾崩。
1358年（延文三年）	足利尊氏去世。
1369年（应安元年）	足利义满成为第三代将军。

1378年（永和四年）	足利义满将幕府迁至室町，并建造花之御所。
1392年（明德三年）	足利义满将南北朝合一。

室町时代（1392—1573）

1401年（应永八年）	幕府派遣第一次遣明使。
1408年（应永十五年）	足利义满去世。
1428年（正长元年）	足利义持去世。
1429年（永享元年）	足利义教成为幕府将军。
1441年（嘉吉元年）	嘉吉之乱，足利义教被暗杀。
1458年（长禄二年）	足利义政开始亲政，伊势贞亲、荫凉轩真蕊等干涉政务。

战国时代（1467—1600）

1467年（应仁元年）	应仁之乱，东西两军战于京都。
1477年（文明九年）	应仁之乱平定，京都化为废墟。
1495年（明应四年）	北条早云夺取小田原城，取得关东地区统治权。
1543年（天文十二年）	葡萄牙人漂流到种子岛，火器传入日本。

1549年（天文十八年）	传教士在鹿儿岛登陆，传授天主教。
1551年（天文二十年）	大内氏灭亡。
1553年（天文二十二年）	川中岛之战爆发，武田信玄对战上杉谦信。
1560年（永禄三年）	桶狭间之战爆发，织田信长讨伐今川义元，今川败亡。
1568年（永禄十一年）	织田信长进入京都，拥立足利义昭为幕府将军。
1573年（元龟四年）	武田信玄病逝，室町幕府灭亡。
1576年（天正四年）	织田信长讨伐大阪本愿寺，筑安土城。
1582年（天正十年）	本能寺之变，明智光秀杀织田信长。山崎之战，丰臣秀吉讨伐明智光秀。
1583年（天正十一年）	贱岳之战，丰臣秀吉大破柴田胜家。
1584年（天正十二年）	小牧·长久手之战，德川家康向丰臣秀吉投降。
1585年（天正十三年）	丰臣秀吉平定四国，任关白。
1586年（天正十四年）	丰臣秀吉任太政大臣。
1587年（天正十五年）	丰臣秀吉平定九州，下令驱逐天主教传教士。
1588年（天正十六年）	丰臣秀吉颁布"刀狩令"，试图解除农民的武装。

1590年（天正十八年）	丰臣秀吉包围小田原城，北条氏灭亡。
1592年（文禄元年）	文禄之役，丰臣秀吉大军入侵朝鲜。
1597年（庆长二年）	庆长之役，丰臣秀吉大军第二次入侵朝鲜。
1598年（庆长三年）	丰臣秀吉病死，德川家康召回征朝军队。
江户（德川）时代（1603—1867）	
1603年（庆长八年）	德川家康任征夷大将军，江户幕府确立。
1606年（庆长十年）	江户城建成。
1614年（庆长十九年）	大阪冬之阵，德川家康攻打大阪城。
1615年（元和元年）	大阪夏之阵，丰臣氏灭亡。
1616年（元和二年）	德川家康去世。
1623年（元和九年）	德川家光成为第三代将军。
1635年（宽永十二年）	确立参勤交代制。
1637年（宽永十四年）	岛原之乱，天主教徒暴动。
1639年（宽永十六年）	发布第五次锁国令，锁国完成。
1853年（嘉永六年）	"黑船事件"。
1854年（宽永七年）	日美签订《神奈川条约》。

1860年（万延元年）	樱田门外之变，井伊直弼被刺杀。
1864年（元治元年）	幕府发动第一次征讨长州战役。
1866年（庆应二年）	幕府发动第二次征讨长州战役。
1867年（庆应三年）	大政奉还，德川庆喜把政权还给天皇，日本封建时代结束。
明治时代（1868—1912）	
1868年（明治元年）	明治维新。江户城改名东京。
1869年（明治二年）	戊辰战争结束。
1871年（明治四年）	废除全国各藩，统一为府县。
1877年（明治十年）	西南战争爆发。

激发个人成长

多年以来，千千万万有经验的读者，都会定期查看熊猫君家的最新书目，挑选满足自己成长需求的新书。

读客图书以"激发个人成长"为使命，在以下三个方面为您精选优质图书：

1. 精神成长

熊猫君家精彩绝伦的小说文库和人文类图书，帮助你成为永远充满梦想、勇气和爱的人！

2. 知识结构成长

熊猫君家的历史类、社科类图书，帮助你了解从宇宙诞生、文明演变直至今日世界之形成的方方面面。

3. 工作技能成长

熊猫君家的经管类、家教类图书，指引你更好地工作、更有效率地生活，减少人生中的烦恼。

每一本读客图书都轻松好读，精彩绝伦，充满无穷阅读乐趣！

认准读客熊猫

读客所有图书，在书脊、腰封、封底和前后勒口都有"**读客熊猫**"标志。

两步帮你快速找到读客图书

1. 找读客熊猫

2. 找黑白格子

马上扫二维码，关注"**熊猫君**"

和千万读者一起成长吧！